PITCH LEVEL《ピッチレベル》

例えば攻撃がうまくいかないとき改善する方法

岩政大樹・著

はじめに

僕は理屈っぽい――。

理屈ばかり語っていると「試合中、いつそんなに考えるんですか？」「プレー中に考える時間があるんですか？」と聞かれるのですが、実はプレーの瞬間は考えていません。というより、考えないようにしています。

僕のプレーを見ていた人が僕の理屈っぽい話を聞くと「そんなに考えてプレーする選手に見えませんでした」と言うのはそのせいでしょう。僕をあまり考えてプレーしていない情熱型の選手のように思う人が多く、理屈っぽくサッカーを語ると、よく驚かれます。

これは、僕がいつも「理屈」と「情熱」のバランスを意識しているからだと思います。僕は決して、理屈にも情熱にも振れすぎないように意識してきました。そのどちらかではなく、どちらも持ち合わせているべきだとずっと考えてきたのです。

負けず嫌いで小さい頃よく勝負に負けて泣いていました。一番のライバルは兄で、３つ年上の兄にどんなことでも負けたくなくて食らいついていました。

一方で、マイナス思考の僕はいつも自分には何かが足りないと思っていました。だから考えました。自分にサッカーセンスがないことを知っていた僕は何をすればチームに貢献できるかを考え、小さな島で育った僕は選手が揃わない田舎のチームがどうすれば町のチームを倒せるのか考えていました。

今は随分歳を取りましたが、根底にあるものは変わっていません。

負けず嫌いと劣等感です。

今、指導者と選手両方の立場になって再確認しているのですが、僕は根深いところで「自分はサッカーが下手」だと思い込んでいます。「サッカーに向いていない」と心の奥底が囁《ささや》いていて、サッカーをするときはいつも不安になります。この感覚は指導者や解説者をするときには顔を出しません。

いかに自分に才能がないか。トラウマのようなものがあるのです。

強烈な劣等感を持ちながら、でも強烈な負けず嫌いだからなんとかして勝ちたい。その方法が「情熱」と「理屈」だったのだな、と今思っています。

誰よりも熱くなることで不安を打ち消し、論理的に考えることで自信を持たせようとしました。僕にはこのどちらも必要で、どちらかに針が大きく振れて、もう一方が疎かになったときには針を戻すことを常に意識してきました。

若いときにはサッカーの理論を勉強する中で頭でっかちになり、少しプレーに熱さを忘れてしまう時期もありました。

そんなとき、鹿島アントラーズというチームから「情熱」の成す大きさを学びました。

当時、鹿島では選手だけのミーティングというものが一度も行われませんでした。負けが込んだとしても一向に集まる気配がありません。個人個人で話すことはあっても、選手たち全員で集まって問題点を擦り合わせる、ということを一切しなかったのです。

最初は疑問で仕方ありませんでした。「もっと集まって話すべきではないか」正直そう思っていました。

しかし、僕は徐々にその意味を理解していきました。鹿島にあったのは、「敗因はいつもそれぞれ自分自身の中にある」ということだったのだと思います。つまり、小さな問題点をお互いが話し合って理屈を戦わせるより、まず自分の心に隙はなかったのか、100％の情熱をピッチに注ぐことができたのかということに目を向けろ、ということだったのです。

監督やクラブスタッフのみんながよく言っていました。「負けると『あいつが悪かった』と敗因を他人に探しがちだ。だが、それをひとまず横に置いて、それぞれが『自分に何ができたか』を考えろ」と。

選手たちは「自分が何をすべきか」を持ち帰り、整理してピッチに立ち、それをチームとして表現していきました。サッカーにおいては、負けたときの小さな問題点なんて、一人ひとりが情熱を持ってプレーすることで解決できることばかりなのです。特に成熟した選手が揃う鹿島みたいなチームでは。

ベテランとなってからお世話になったファジアーノ岡山では、たくさんの期待を背負っていたので日々考えることは多かったですが、ピッチ上では決して頭でっかちになってはいけないと自分に言い聞かせていました。歳を取り、冷静でいることは簡単になりましたが、だからこそ自分らしいバランスを忘れないように熱く戦うことを意識し、理屈に走りすぎない自分でいようと努めていました。

ただ、ファジアーノでは「自分に何ができるか」に注意してプレーしていても、なかなかチームの結果が伴いませんでした。

まだクラブも選手も成熟していないチームにおいて、ファジアーノの選手たちのバランスは「情熱」に振れすぎているように感じました。サッカーにおいて戦うことや走ることは本質的で大事なことですが、それだけでは勝ち続けられません。一生懸命という部分ではコンスタントに戦える選手が多く揃っていたのですが、一方で、「何を頑張るのか」という部分では明確になっていない印象でした。

「何がなんでも頑張る」というのは聞こえはいいですが、それを打ち出すだけではJ2の中での特徴になり得ません。リーグを戦っていく上での強みにならないのです。だから、僕は「何を頑張るのか」、「いつ頑張るのか」、「どう頑張るのか」を明確にしてあげて、選手一人ひとりをより輝かせる戦いを考えるようになりました。それぞれが思い切り「情熱」を持ってプレーできるような「理屈」を少しだけ加えてあげられるように。

ファジアーノでの2年目には、J1昇格こそ果たせませんでしたが、「理屈」と「情熱」のバランスがとれるようになったチームは、メリハリを持った特徴的なチームになり、それを武器に勝ち点を積み上げることができました。

こうした経験から僕は、「勝つためには頭でっかちにならないこと、勝ち続けるためには頭でっかちになること」が大事だと思っています。「理屈」と「情熱」。そのどちらかだけでは決してありません。

ピッチに立つまではあらゆる角度から思考を巡らし、勝つための方法や判断の整理を行います。しかし、ひとたびピッチに立てば、自分の感覚を信じて、反応でプレーします。そして、頭ではなく、心でプレーしようと心がけます。

それがうまくいく試合もそうでない試合も当然ありましたが、そのバランスが最適なところに置けたとき、僕は自分が無敵な存在になったような感覚になり、相手のどんな攻撃に対しても「どんどん来い！」と思えるのでした。

これは僕がピッチの上でサッカーを通して見つけた宝物のお話。7つの論点で振り返っています。

ピッチで湧き出た感情。分かち合った感動。

僕はその景色を忘れずにいたい。そして――、ピッチレベルでサッカーを語りたい。

PITCH LEVEL《ピッチレベル》

例えば攻撃がうまくいかないとき改善する方法

目次

CONTENTS

ピッチへの論点3 判断と想像力

ピッチへの論点4 戦略と対応

ピッチへの論点5 技術と心構え

ピッチへの論点6 成長の仕方

ピッチへの論点 7　持つべき思考

PITCH LEVEL

ピッチへの論点 1

サッカーの言葉

「言葉とはおもしろいもので、誰かが話し始めるとあちこちで使われるようになり、ひとたび広がってしまうとその言葉に思いのほか、選手が影響されてしまうことがあります」

考察
1

「崩された失点ではない」に潜む選手の心理

サッカーの言葉がプレーを作ってしまう

選手や監督の心理面を想像しながらサッカーを見るのが好きな僕は、試合後の彼らのコメント[1]などをよくチェックしています。本音で語られているものもあれば、そうでないものもありますが、その選手、監督の性格や心理などを想像しながら読むと、だんだん本当に考えていることや、チームがどのように歩んでいるのかが見えてきます。そうしたことを踏まえて結果を見るのはいろんな人生模様を覗けるようで楽しくて、今では趣味みたいなものになっています。

その中で「崩され（てやられ）た失点ではない」という言葉を目にすることがあります。

言葉とはおもしろいもので、誰かが話し始めるとあちこちで使われるようになり、ひとたび広がってしまうとその言葉に思いのほか、選手が影響されてし

キーワード・関連記事

① コメント
コメントとは、記者に聞かれたことを答え、それを記者が文字にしたもの。だからこそ見えるものもあれば、だからこそ正確に伝わらないものもある。

まうことがあります。

僕も気付かないうちに〝崩された〟形かどうかで失点の形を判別していた時期がありましたが、最近になって、この言葉が持つ意味にとても違和感を覚えるようになりました。

「サッカーの言葉」と題したこの論点の最初に、「崩す」「崩される」という言葉についてちょっと立ち止まって考えてみたいと思います。


まず、「崩された失点」という言葉です。

どのような〝やられ方〟を「崩された」と表現するかにもよりますが、選手が口にするような〝(きれいに)崩された失点〟というのは、〝相手のいいようにボールを回されて、なすすべなく失点してしまった〟ような形だと思います。

かつてFCバルセロナが見せていたような流麗な崩しでゴールまで奪われる。サッカーの世界で「ちんちんにされる」と言われるような失点でしょう。

では、バルセロナでさえそのような得点が珍しくなった今、例えばJリーグでそのようなゴールシーンをいくつ思い浮かべることができるでしょうか。

僕がこの言葉に違和感を覚えるのはその点で、そもそも「崩された失点」がどれくらいあるのか、ということに疑問を持っているからです。実際はJリー

関連 FCバルセロナ →考察15

グにおいて全体の2割か3割あればいいほうではないでしょうか。

失点はむしろ、カウンターやセットプレー、セカンドボール、ミスといった、一見、事故のようにも見える形からのほうがはるかに多く、いわゆる「崩された失点」というものは実は少ないというのが僕の実感です。

2016年のリオデジャネイロオリンピック日本代表においても、ほとんどの失点が「自分たちのミスからだった」ということで結論付けられていますが、そもそもサッカーとはそういうスポーツであるということです。

〝崩していない〟のに勝利した一戦

ということは、（全失点の中で割合が低い）「崩された失点」であるか否か、に焦点を絞っていては、いつまで経っても多くの失点の原因を探ることはできないということになります。

ここにサッカーの表の部分に隠れたおもしろさがあると思います。

確かに、僕たちはまずボールを保持し、相手を崩しにかかります。どんな相手であっても、まずピッチに立ち、肌を合わせてその肌感覚みたいなものを感じ、その上でどのように相手を崩そうかと考えていきます。

関連 **セットプレー**
↓考察12・22

②自分たちのミス
そもそも足でするスポーツであるサッカーは「ミスのスポーツ」であると言える。ミスを減らす努力とともに「ミスをすること」を前提に考えておくことも大切。

しかし、「崩す」「崩される」ばかりがサッカーではありません。崩すことが難しくても相手を攻略することはできるし、崩されなくても注意を怠れば簡単に相手に出し抜かれてしまいます。

攻めているときのリスクマネージメントやセットプレーの集中は言うまでもありません。それ以外にも、味方のミスへの備えやカバーリング、瞬時のポジション修正など、どちらがそこにほころびを見せるか、試合中のせめぎ合いというものはそうしたところでも行われています。

一つ、具体的な試合を紹介したいと思います。

〝瀬戸大橋ダービー〟カマタマーレ讃岐（2016年8月14日）との一戦。僕たちファジアーノ岡山に対し、カマタマーレは明確に対策を練って乗り込んできました。僕たちの長所を消し、短所を突く戦いを徹底して挑んできて、展開は終始後手に回る戦いとなりました。「崩す」という観点からすれば、カマタマーレのほうが狙い通りに戦うことができていたと思います。しかし、結果は3対1でファジアーノが勝利しました。

僕たちは、押され気味だった前半に、こぼれ球を拾った金（珍圭）選手が見事なロングシュートを決め、同点に追い付かれた後半には僕のクリア気味のボ

関連｜リスクマネージメント

→考察23

ールが結果的に起点となって2点が生まれ、カマタマーレを突き放すことができました。2点ともこぼれ球に対し、瞬時に相手のポジションを把握し、相手が処理しづらく、〝事故〟が起こりそうなポイントに落とすことが得点できた理由、カマタマーレからすれば失点した理由でした。

また、一時同点に追い付かれたカマタマーレの得点シーンは逆に、僕が味方選手と重なるようになったことで喫してしまった失点でした。

つまり、この試合で生まれたゴールはいずれも、「崩す」「崩される」では語れない形だったということになります。

ここにサッカーをする上で、あるいは語る上で忘れてはいけないポイントがあると思います。

相手を翻弄し、〝崩して〟得点し、圧倒して勝つ。

サッカーをする上での理想です。このためにボールコントロールを磨き、味方と連携を深め、精度を上げていきます。その過程があるからこそ多くの選手は「崩された失点ではない」という言葉を使うのでしょう。

一方で、得点までの道筋をもう少し幅を持って想像することも大事です。

うまく試合を運べなくても、「崩せない」「パスが合わない」「いい攻撃ができない」と嘆く必要はありません。その中でも③勝ち筋はいくらでも見つけられ

関連｜サッカーをする上での理想

↓考察4・8・14

③ 勝ち筋

試合中に最も頭を巡らせることは、その試合の勝ち筋である。展開や流れによって、勝ち筋もどんどん変化する。ロスタイムの最後の瞬間までそれを塗り替え続ける。

るのです。

では、その勝ち筋の見つけ方にはどんな方法があるでしょうか。

重要視しない「常識がチャンスを生む」

僕は経験から、「常識」④を逆手に取ったプレーが突破口になると思っています。

例えば、カマタマーレとの試合で突破口となったのはクリア、ロングボールでしたが、決してそれは偶然ではありません。

クリアやロングボールというのは苦し紛れに逃げるプレーというイメージがあり、最近の日本サッカーの風潮ではそれをすること自体、タブーとされることもあるプレーです。それが「常識」となってきていると言えます。しかし、サッカーにおいて「常識」と言われるようなことは得てして、ピッチの上での「常識」とイコールではありません。その勘違いに突破口が生まれるのです。

確かに、クリアやロングボールは一度、相手にボールを渡してしまうプレーになりがちです。それをなんの意図もなく繰り返せばネガティブな要素となります。しかし、クリアやロングボールを蹴るポイントによっては、相手に一度ボールを渡したように見えるだけで、まだルーズボールの状態です。ここで、

④ **常識**
常識はおもしろい。どんな常識も人が勝手に作ったものなのにそうとは受け取れない自分を認めてしまう。無意識レベルの常識は逆手にとればチャンスとなる。

「マイボールになった」と思った相手選手にとっては、⑤敵がボールを保持したときよりも、守備に対する集中が途切れる瞬間になります。

「崩す、崩される」の局面では保たれていた集中が、クリアやロングボールを重要視しない「常識」によって、一瞬、途切れがちになるのです。

相手が隙を与えてくれないなら、「常識」を利用するような発想の転換もサッカーの一部だと思います。

サッカーには想像力が必要です。

そこに正解はありません。当たり前は当たり前ではありません。ベテランと言われる歳になった僕も、自分の中の⑥セオリーを書き換える作業はいつまでも続いています。

勝ったときに何が良かったのか、負けたときに何が悪かったのか――。

ここからはサッカー界にある「言葉」について、いろいろと考察してみたいと思います。

言葉や「常識」も人が勝手に作ったものです。それらに惑わされることなく、さまざまな角度からサッカーを考えてみましょう。「あーでもない。こーでもない」と語り合うことでしか見えてこないものもあるのです。

---

⑤ 敵がボールを保持したときよりも守備に対する集中力が途切れる

サッカーに攻守の境目は明確にはなく、ボールを奪った瞬間に攻撃が始まる。そのため、切り替えの切り替えが大きなチャンスになる。

関連 発想の転換

→考察34

関連 想像力

→考察11・12・16

関連 当たり前

→考察10・34

⑥ セオリーを書き換える作業

人が変われば、セオリーも変わる。能力の違いより、考え方や内面の違いによって変わる。セオリーの書き換えに終わりはない。

考察 2

「ラインの高い」チームと「ラインの低い」チーム

ピッチ内とピッチ外の見え方

ピッチ内とピッチ外では見えているものが大きく違います。

動く時間、動くボール、動く選手、動く流れ、動く心。それら全てを把握しながら、絶えず判断を繰り返しているピッチ内。

それを一つのものとして、全体を広く見てしまうと、ピッチ外からの視点はピッチ内のものと大きくズレてしまいます。

ピッチ内には、22人の選手と22人の判断があるのです。

そんな中で、違和感を抱き続けてきた言葉の一つに「ラインの高さ」があります。考察1で指摘したようにサッカーには、言葉が一人歩きしていくことがよくありますが、この「ラインの高さ」も、その傾向があるように思います。

いつからでしょうか。日本サッカーで、⑦試合のキーファクターとして「ライ

キーワード・関連記事

関連 判断
→考察11〜15

関連 ラインの高さ
→考察18

⑦ 試合のキーファクター
ラインの高さは、選手たちの一つひとつの判断の結果、起こる現象である。試合のキーファクターとは、現象ではあり得ない。

ンが高い、低い」という言葉が頻繁に使われるようになりました。

確かに、ピッチ外からサッカーの試合を見ると、ラインがどこにあるかは一目瞭然です。フィールドプレーヤーの一番後方の選手の位置を見ていればその位置は分かりますし、ボールの位置でどちらかが「押し込んでいる」⑧と捉えるのはあながち間違いというわけではありません。

ただ、「ラインの高さ」というのは、その位置だけで「いい」とか「悪い」という評価をされるものではありません。ラインが低いと「悪」でラインが高いと「善」というわけではありませんし、その逆でも当然ありません。

ラインが高いことによって起こるメリットもあればデメリットもあります。それなのに、どこか「ラインの高さ」でそのチームの良し悪しを判断する傾向ってないでしょうか。

プレーオフにあったラインの「隙」

昨年（２０１６年）のＪ１昇格プレーオフ準決勝、僕が所属していたファジアーノ岡山が松本山雅ＦＣを降した試合。ロスタイム、奇跡の決勝ゴールはとても興味深い形で生まれました。

---

⑧ **押し込んでいる**
選手、特にセンターバックは失点の怖さをいつも抱えている。ホッとして、押し込んでいれば押し込まれると疲れる。しかし、結果はまた別のところにある。

関連 松本山雅FCを降した試合
↓考察7・15

１対１で残り数分となり、あと１点取らなくてはならなかった僕たちは、センターバックの僕も前線に上がり、⑨パワープレーを仕掛けることにしました。松本山雅のディフェンスは堅く屈強ですが、何か⑩事故を起こすことを狙って前線に位置しました。

それに対し、相手はラインを下げ、ペナルティーエリア内に何人ものブロックを敷いて、僕たちのパワープレーをことごとく防いでいきました。

正直なところ、事故を起こせる可能性を感じないほど、松本山雅の守備陣は集中していました。僕も何度か競り勝つことはありましたが、そこにスペースはなく、時間だけが無情に過ぎていく感覚でした。

「僕のラストゲームか」との思いがよぎったとき、相手のクリアボールがファジアーノのゴールキーパーにまで届きます。すると、松本山雅の守備陣はラインを少しだけ上げました。堅く、ほんの少しのスペースも見えなかった相手守備陣にエアポケットのような空間と時間が生まれたのです。そこに図ったようにボールが繋がり、赤嶺(真吾)選手の奇跡の勝ち越しゴールは生まれました。

松本山雅の守備陣の「ラインを上げる」という選択は間違いではなかったと思います。サッカーにおいて難しいのは、本当に正解などないことです。ただ、たまたまその試合では、ラインを上げたことによって決勝点が生まれました。

---

⑨ パワープレー

安易なパワープレーは有効ではない。分かりやすいからだ。「分かりやすい」を逆手に取る想像力が必要。隙を作るのが目的である。

⑩ 事故を起こす

ほんの少しの隙が事故を起こす。極論、ボール回しもパワープレーも、それをもとに隙をどう生み出せるかである。

関連 正解などない

↓考察1・16・31・32・37

ユベントスのラインは高いのか、低いのか

ここで言いたいのは、大きく3点です。

1. 常に、ラインの高さにもメリットとデメリットがあること。

2. それは選手たちが責任を持って判断をしていくものだということ。

3. そしてサッカーとは常に判断のスポーツだということです。

ですから「〜のチームのラインは高い」と、一概に言い切ることに違和感があるのです。

選手が考えているのは、「いつラインを下げるか」と「いつラインを上げるか」、そして「どのくらい上げるか」を、状況によって判断していくことで、「チームとしてラインを高くしています」とか「低くしています」という発想はあり得ないのです。

つまり、言葉が一人歩きしているわけですが、選手に求められるのは、常に勝つため（守るため）に最善の判断をすることであり、決して「ラインを高くするため」[11]にプレーすることではないのです。

例えば、今年（2017年）のチャンピオンズリーグを盛り上げたユベントト

関連「いつラインを下げるか」……状況によって判断していくこと
↓考察13・18

⑪ **「ラインを高くするため」にプレーすることではない**
細かくラインコントロールすれば、ラインは高くなる。高くなる判断基準がラインを高めることが適切で「ラインを高くしよう」と高くすれば、判断を間違えてしまう。

関連チャンピオンズリーグ
↓考察15

スの守備です。ユベントスは相手がゴールキーパーやディフェンスラインでボールを回そうとすると猛然とプレスをかけ、ディフェンスラインはハーフウェーラインさえも越えていきます。しかし、そこをうまく外され、中盤で前を向かれるような状況ではラインを落とし(下げ)、必要なら6人もの選手をディフェンスラインに並べて守備をしています。

このユベントスのラインは高いのでしょうか、低いのでしょうか。

常に彼らにあるのは、判断の連続だけのように見えます。ラインが高いとか低いとか、そういうことではなく、「⑫いつ、何をすべきか」を個人個人が的確に判断し続けているだけなのではないか。それを淀みなく、連続してやり続けているから、隙がなく、美しい連携が見られるのではないか、と。

僕は⑬イタリアサッカーの守備を参考にすることがよくあり、所属チームでは、ときにラインを思い切り深く構えていました。そして、相手が前にボールを出せないときには逆に、思い切りラインを高くしたりしました。

サッカーは判断のスポーツである

頭にあったのは、ラインの高さより、高さの⑭振り幅を大きくすることです。

---

⑫ いつ、何をすべきか
個の判断の集結が組織。個の判断のレベルが上がればチームも変わるのだ。

⑬ イタリアサッカーの守備
「カテナチオ」とは言われなくなったが、守備の緻密さは失われていない。「なぜ失点してしまったか」をピッチレベルでよく考えられているのが特徴だと思う。

⑭ 振り幅
高さが一定だと相手も対策が立てやすい。自分たちの正体を分からせないためにも、高いのか低いのか分からないライン設定が有効だと思う。

それなのに、ある時間帯の一つの〝絵〟を持ってきて「このチームのラインは低い」とか「高い」と言われてしまうと、ギャップを感じざるを得ないのです。

大学生を教えるようになって（僕は今年から東京大学運動会ア式蹴球部のコーチを兼任しています）思うことがあります。

サッカーとはチームスポーツで、チームとしてみんなで戦うことはとても大切です。チームの中の約束事を守り、その約束事をチームの正解としてサッカーをしていかなくてはまとまりません。

しかし、間違えてはいけません。サッカーとは判断のスポーツです。常に選手の判断によってゲームは成り立っています。チームのガイドラインに従っていれば全て終わりではなく、そこから先は自分の判断で道を切り開いていかなくてはならないのです。

大学生にはまだピンとこないかもしれませんが、社会に出ていくこともそのことに似ていると思います。

示されたことをやり続けていれば正解だったところから、正解はその時々で自分が決めて、判断していくところへ。

サッカーは子どもを大人にし、大人を紳士にする。

その昔、誰かが言った言葉を思い出します。

関連 チームのガイドラインに従っていれば全て終わりではなく

↓考察4・8・11

考察
3

「デュエル」は日本人に向いていないのか

日本人に欠かすことのできない「デュエル」

ハリルホジッチさんが日本代表監督に就任し「デュエル」という言葉を話されてから、日本サッカー界ではこの言葉が流行語のように使われるようになりました。「デュエル」とは、「決闘」や「生死をかけた勝負」などと訳される言葉で、サッカーにおいては、1対1の局面、主にボールがあるところでのせめぎ合いのことを指すでしょうか。

世界的に見れば体格的にハンデを抱える日本人にとって、これまでもこれからも程度の違いこそあれど、常に課題となる部分だと思います。日本人が世界で羽ばたいていこうと考えるなら、必ずぶち当たる課題とも言えます。

僕もセンターバックというポジション柄、「デュエル」から目を背けてはいられません。もともと、足が速いわけではなく、むしろ小さい頃から「鈍臭い」

キーワード・関連記事

関連 もともと、足が速いわけではなく、むしろ小さい頃から「鈍臭い」と言われていた僕

↓考察27・31・33

と言われていた僕でしたので、プロになってからさまざまな角度からこの課題に取り組んできました。

僕はディフェンダーですので、サッカーにおける1対1、その守備について掘り下げてみたいと思います。この⑮守備の対応に関する考え方は、プロに入ってから僕の中で最も変化した部分でした。

鹿島アントラーズに入って受けた衝撃

僕は大学を卒業し、鹿島アントラーズに加入しました。決してすぐにプロで通用するとは思っていませんでしたが、とは言っても大卒だったので、即戦力にならなくてはならず、それなりの覚悟を持っていました。

しかし、加入してすぐに一種のカルチャーショックを受けました。というのも、練習で相手選手と対峙しているとき、僕は全くと言っていいほど、相手の動きを〝読めなかった〟のです。

チームには当時、小笠原（満男）選手、本山（雅志）選手、野沢（拓也）選手というマジカルな天才がいました。彼らは、僕が「こう来るだろう」と予測するプレーの逆をいつも取ってくるのです。

---

⑮守備の対応に関する考え方
守備の選手のタイプ分けとは身体的特徴ではなく、守備の考え方によって分けられる。例えば、「大きい選手＝ストッパー、小さい選手＝スイーパー」ではなく、「人につきたい選手＝ストッパー、狙いに誘い込みたい選手＝スイーパー」。

関連│小笠原満男選手
→考察34

初めての感覚でした。練習をしながら、なんだか気持ちがふわふわしてきて、もうヤケクソにプレーしてしまう感覚と言えばいいでしょうか。

このレベルの選手たちはいつもギリギリまで相手を見ていて、相手の動きによってキックの種類や判断を変えてくるのだと知りました。

僕だって一応、大学ナンバー1ディフェンダーという触れ込みでプロ入りした選手でした。技術的にはまだまだでも、守備に関してはある程度やれるつもりでした。しかし、その自信は1週間もしないうちに崩れ去り、僕は「迷子」になってしまいました。

それから僕の⑯新しいセオリー作りが始まりました。毎日、練習や試合で起こったさまざまな現象を深く掘り下げ、考えました。たくさんの試合を見て、⑰ピッチで起こる法則性を探しました。確信を持って進める道を探していたのです。

まず、僕の中で大事だと思っていた、「読み」というものに疑いを持ってみました。「読み」というのは当たればいいプレーになりますが、外れれば取り返しがつきません。プロに入って感じた「レベルが高い選手は相手の読みの逆を取ることができる」、これが正しいとすれば、「読み」に頼ることは間違いなのではないかと考えました。

そこで相手選手のプレーによって変わることがないものを探しました。それ

---

⑯ 新しいセオリー作り
読むのではなく、「こうなったら、こうなる」という自分なりの守備のビジョンをつくり、それに則って相手のプレーに反応、対応する。

⑰ ピッチで起こる法則性
守備だけでなく、攻撃にもセオリーがある。攻撃の選手のセオリーに仮説を立て、練習で検証してみる。それがビジョンになる。

が、守備の「ビジョン作り」であり、「ポジショニング」⑱へのこだわりでした。ボールを持った選手がどういう判断をするのか、ボールを受けようとする選手がどのような動きをするのか、自分がどこに立ち、味方をどこに立たせればいいのか。相手の立場に立って考え⑲、そこにある法則性を探し、当てはめてみては修正するという作業を繰り返しました。

僕のように身体能力のない選手は、相手の動きに合わせた受動的な動きを繰り返していては付いていくことができません。だから、僕は常に自分の守備のビジョンに則り、相手の判断を先回りして守備をしていくことにしたのです。

「デュエル」はボールが来る前に始まっている

結果的に、この作業が、曲がりなりにもプロサッカー界で13年間、守備の人間として戦う「デュエル」を身につけることに役立ちました。

こう言うと、「デュエル」という言葉のイメージとは違う話に感じる方がいらっしゃるかもしれません。多くの方はもっと球際での勝負をデュエルと捉えているように思います。

確かにそうです。ただ、サッカーにおける「デュエル」とは、まず、ボール

関連 ビジョン作り
↓考察17・19・24・31

⑱ ポジショニング
人が立っているところはスペースではない。「どこに立つか」「どこから守備をするか」全てはそのあと。

⑲ 相手の立場に立って考え
攻撃の選手が無意識に選択しがちなプレーを考える。ビジョン作りの要点は、相手の心理に入り込むことなのだ。

が来る前にスタートしているということを忘れてはいけないのです。

サッカーでは90分の中で、一人の選手がボールを持つ時間はたったの2分から3分と言われています。そのことから、攻撃の選手には以前から⑳「オフザボール（ボールを持っていないとき）」の動きの重要性が盛んに言われていますが、なぜかあまり守備の選手については言われません。しかし、球際での勝負やフィジカル的な戦いが主と捉えられている守備の選手こそ、ボールがないところでの準備やポジション修正が大切なのです。

サッカーにおける「デュエル」とは、「よーいドン」で始まるわけではありません。スタートする場所もタイミングも自分で決められます。

ボールが来る前に適切な〝ポールポジション〟を取り、適切な判断をすること。それが「デュエル」の精度を上げる、最も大事なことだと思います。

もちろん、最終的には球際の勝負になります。

五分五分のボールをマイボールにできるか、相手からボールを奪うことができるか、奪えなくてもしっかり体を寄せることができるか。そこから逃げていてはサッカーは戦術も技術も何も意味を成しません。

球際の勝負ではまず、大前提として、「相手に負けない！」「絶対に勝つ！」

---

⑳ **オフザボールの動き**
守備のほとんどはポジショニングで決まる。つまりボールが来る前だ。キーパーのようにファインセーブはいらない。

という気持ち㉑が絶対的に必要です。それをどんなときも持ち続けられることは局面において何より大切です。空中戦においても地上戦においても、この気持ちを持てているときと持てていないときの勝率ははるかに違います。

ただ、こうした局面で大事な気持ちの強さとは、（言葉で表現するのが難しいですが）外向きの気持ちの強さではなく、内向きの気持ちの強さだと思います。

これも鹿島加入時の記憶が呼び起こされるのですが、僕はもともととても外向きの強さを押し出していました。外向き、というのは言い換えれば、力を「入れる」ということです。

思い切り力を入れ、外にパワーを見せつけるように球際に挑むことが「闘うこと」だと考えていました。加入当時、コーチをされていた奥野（僚右）さんや大岩（剛）さん（当時選手、現監督）に「大樹はガッチガチだな」と言われても、「それがオレだ」と聞く耳を持っていませんでした。

しかし、3年目を迎えるあたりで、これからの自分に危機感を覚え、さまざまな取り組みを始めていく中で、少しずつその「ガッチガチだな」と言われた意味を理解するようになっていきました。

より内向きの強さ、力を入れて外向きに発散しようとするのではなく、内に込めるようにして力を「抜く」こと――それが本当の強さに繋がるということで

㉑ **気持ち**
人なら皆、気持ちの強さで成すことができることの大きさを知る体験がある。毎試合、僕はそれをサッカーに学んできた。

した。考えてみれば、野球やゴルフでよく「手打ちはダメだ」と言われます。水泳でも速く泳ごうとして力を入れると前に進んでくれません。

全て「人が動く」という意味では同じなのだと思います。


以前、横綱・白鵬関にお話を伺う機会がありました。

そのとき、僕は「取り組みに向かわれるにあたり、何を意識しますか？」と聞いてみました。すると横綱は、「勝ちにいかないこと」と教えてくださいました。その意味を、

「勝ちにいくから無駄な力が入り、相手に対応できない。私が負けるときは大体、勝ちにいってしまったとき」

そのようにおっしゃいました。

とても深い言葉で、横綱という重責と向き合われる中で達せられた領域に驚きました。ただ、その意味するところはなんとなく理解できました。僕の中でそれが内向きの強さ、力を抜く事と繋がったからです。僕が目指すところを再確認した気持ちでした。

1対1、相撲、日本の伝統。

実は日本には「デュエル」に適したものもあるのではないかと思っています。

考察
4

「自分たちのサッカー」というマジックワード

選手にとって便利な言葉、その害

サッカー選手はよく「自分たちのサッカー」という言葉を使います。「自分たちのサッカーをしたい」とか「自分たちのサッカーができなかった」などと、「自分たちのサッカー」というフレーズを通して試合を語るのを皆さんも何度か耳にしているのではないでしょうか。

これは僕が思うに、もともとはインタビューなどで質問に答えるときに、詳しい説明を省きながらも、なんとなく自分たちが目指している全体像を表現してくれる言葉として便利だったからだと思います。

いつからこの言葉が今のように頻繁に使われるようになったのでしょうか。気が付くと毎週のように、どこかのサッカー選手が使うようになりました。

キーワード・関連記事

それ自体に問題はありません。試合前や試合後に記者の前で、㉒話していいことと話してはいけないことを頭の中で振り分けながら、チーム内の決まりごとや目指す形を表現するのは簡単ではありません。それをかわすことができ、かつイメージを的確に表現できるこの言葉は確かに便利だと思います。

しかし、一方で最も選手が振り回されている言葉でもあります。「自分たちのサッカー、自分たちのサッカー」と何度も口にしていると、自分たちの目指す全体像に縛られてしまう。

例えば、選手の特性から、勝つための理想として、ボールを保持して攻め込んでいくスタイルを目指していたとします。しかし、サッカーの試合には必ず相手がいるわけで、相手との噛み合わせや力関係、あるいはその日の調子によってそれができない試合も出てくるでしょう。バルセロナと試合するのと、ファジアーノ岡山と試合するのが同じはずがありません。

それは本来、当たり前のことなのに、「自分たちのサッカー」に縛られていると、そんな当たり前のことを忘れて、どこか、「自分たちのサッカーをして戦わなければ意味がない」とか、「自分たちのサッカーをぶつけてダメなら仕方がない」と考えるようになります。

「自分たちのサッカー」とは本来、㉓「勝つ」という目的のために、自分たちに

㉒ **話していいことと話してはいけないこと**

選手にも守秘義務がある。チーム内のことは決して口外してはならない。ブラジル人監督は徹底してたな。それが勝負を分けるディテールになることを知っているのだろう。

㉓ **「勝つ」という目的**

競技である限り、目的は勝つことにある。特に、プロの世界では技を磨いてきた者同士が本気で勝つことを目指し、戦うから魅せられるものがある。

できる最善をイメージして描いた理想像だったはずなのに、目的がすり替わって、自分たちのサッカーをするためにプレーするようになってしまうのです。

なぜこのようなことが起こるのでしょうか。

「当たって砕けろ」と「正々堂々」

日本には「正々堂々」という言葉があります。戦いが行われるときによく出てくる言葉です。僕は、「自分たちのサッカー」という言葉の使い方が、この「正々堂々」の言葉の解釈とよく似ているところがあると思っています。

「正々堂々」とは、辞書を引くと「態度や手段が正しくて立派なさま」などと出てきます。つまり、卑怯な手段を用いず、正面から立ち向かう、ということでしょうか。

正々堂々の精神は、日本人の精神性に響く、とても大切な心の在り方です。しかし、日本の歴史の中でも度々見られるのですが、この言葉を「当たって砕けろ」と混同して使われてしまうことがあるように思います。そして、「正々堂々」を「当たって砕けろ」と解釈した場合、ディテールが勝負を分けるような緊迫した世界では、勝ち負けに対して逆に淡白になってしまう傾向があるように思います。

　正々堂々の語源を少しだけ調べてみると、もともとは孫子の言葉の、「正正の旗を邀《むか》うることなく、堂堂の陣を撃つことなし」にあるようです。これは、「正正の旗」とは、正しく整っている隊列の旗のことを表し、「堂堂の陣」とは、士気や勢いが盛んで立派な陣構えのことで、整然と進撃する敵を迎えることと、堅固な陣を構える敵を攻めることをしてはいけない、と説いた話だそうです。その「正正」と「堂堂」を取って今の意味になっていったようです。

　これに、同じく孫子の有名な、「彼を知り己を知れば百戦殆《あや》うからず（敵を知り、自分を知っていれば百戦しても負けない）」という言葉と併せて見ると、「正々堂々」とは、（卑怯な手を使うのではなく、）知力、体力、気力という自分たちの持つもの全てをつぎ込んで相手と雌雄を決していくことであり、「当たって砕けろ」というよりは、当たってダメな相手なら、引いてみたり、我慢してみたり、戦い方を変えてみたり、そうやって相手に立ち向かっていくことのように解釈できます（僕の個人的な解釈です）。

　つまり、「正々堂々」が「当たって砕けろ」と違うのは、相手を分析した上での戦略があること、そして戦い方に多様性があることだと思います。

関連　戦い方を変えてみたり
→考察8・14

「自分たちのサッカー」と言葉にして、その度に、ある理想的な戦い方ができた試合を浮かべていると、だんだんその一つの戦い方こそが「自分たちのサッカー」だと決めつけてしまうことがあります。しかし、試合はいつも、相手も違えば調子もコンディションも違うのです。そして何より、自分たちも変わっていく。

人生と同じで、シーズン中は必ずいい時期と悪い時期を行ったり来たりします。一つの試合も、必ずいい時間帯と悪い時間帯を行ったり来たりするものです。だから、自分たちの形が一つでは結果を出し続けられるはずがないのです。

「自分たちのサッカー」とは、あらゆる状況で自分たちを前向きにまとめてくれるリズムとか雰囲気のことであるべきで、それを生み出す戦い方はいつまでも幅を広げていかなくてはいけないのだと思います。

関連 **理想的な戦い方**
→考察5・8

関連 **シーズン**
→考察36

考察
5

試合の「流れ」はどのくらい結果に影響するのか

サッカーには実態がない

ロシアW杯最終予選。２０１７年3月28日に行われた日本対タイの一戦はとてもおもしろい一戦でした。「おもしろい」と言ったのは、サッカーというものがいかに実態の見えにくいスポーツであるか、ということをよく表していたと思うからです。

この試合を見た方は「思ったよりタイが善戦した」と思われたのではないでしょうか。そして、攻め込まれていた日本が勝った「結果と内容が一致していない」試合という見方をされたと思います。

確かにタイは善戦したと思います。勇敢に戦ったと思います。しかし、結果に驚きはありません。

結果にはいつも理由があります。

キーワード・関連記事

サッカーの言葉、その5つめとして、結果を大きく左右する理由の一つであり、誤解して解釈されがちな「流れ」について考えてみたいと思います。

この試合、タイは予想とは違い、積極的にボールを奪いにきました。アグレッシブに試合に入り、高めのラインを設定しました。そのため、（想定されたような）タイが押し込まれる展開にはなりませんでした。

タイが中盤でボールを奪うことも何度かあり、開始して5分間はむしろ日本のほうが戸惑いを見せていました。

タイの選手たちは「いけるかもしれない」と思ったのではないでしょうか。

日本の香川（真司）選手の1点目は、そんな矢先に生まれました。

前がかりに来ているタイのディフェンスラインの裏を突き、最後は香川選手の技術と冷静さであっさりと先制しました。

その後も同じような展開で試合が進みました。

「タイ代表、なかなかやるな」と思ったら日本が追加点を奪う、というデジャブのような展開で、終わってみれば4対0。

もちろん決定力㉔には差がありました。決定力とは、ゴール前のゴールを割るか割られるかの「際」での技術と冷静さです。そして、それは攻撃側だけでな

関連ライン
↓考察2・18

㉔ **決定力**
攻撃だけでなく、守備にも決定力がある。広いサッカーコートのほんの数センチの戦い。

く守備側にも必要で、そのゴール前の「際」の勝負において、日本とタイには差があったと思います。

ただ、それ以上に、この試合で改めて感じたのは、サッカーにおける「流れ」というものの捉え方です。「流れ」とは試合の中に確かに存在していて、90分の試合の中で必ず人生のように、流れがいい時間帯、悪い時間帯を行ったり来たりします。

この「流れ」というものは試合を戦う中で意識しなければいけない大切な要素の一つです。しかし、「流れ」というものの捉え方を間違えると勝負の神様は微笑んでくれません。

大体において、サッカーを見ている人にとっての試合の「流れ」は、どのエリアでプレーが行われているか、で測られます。選手たちはもっと感覚的なところで「流れ」を感じていますが、どちらが押し込んでいるかで「流れ」を捉えることはあながち間違ってはいません。選手たちも自陣でプレーしているより、相手陣地でプレーしているほうが心地いいわけで、基本的にはゴールから遠いところにボールがあれば失点のリスクを減らすことができる、と考えられます。

㉕ **いい時間帯、悪い時間帯**
人生もサッカーも波を打つようにときが進む。流れに逆らうのではなく、対応することと。全てに共通の真理だと思う。

関連 勝負の神様
↓考察7・20・23

㉖ **感覚的なところ**
はじめは個々がバラバラのこれらの感覚をそろえることがチーム作りの根幹とも言える。

しかし、ここにサッカーの残酷な面が存在します。㉗落とし穴です。

これは僕の持論でしかありませんが、いい流れのときと悪い流れのときでゴールが生まれる確率はあまり変わらないのではないか、と思います。

流れは手段でしかない

特にトップレベルの選手との試合でそれを感じます。レベルの高い選手は流れなど関係なく、ゴールチャンスを生み出すことが可能です。むしろ、押し込まれていると、自然に相手陣地にスペースが生まれるので、流れが悪いときこそチャンスと捉えているように感じることさえあります。僕が若い頃に対戦していた浦和レッズやガンバ大阪の外国人選手たちはまさにそうした選手たちでした。タイ戦の香川選手も同様だったと思います。

つまり、いい流れの時間帯と悪い流れの時間帯とは、注意しなければいけない点が変わるだけで、決して「いい流れだから（いい流れのうちに）得点しなければ」と思う必要もないし、「悪い流れだから勝つのは難しい」なんて考える必要もないのです。

いい流れの時間帯では攻勢を強めながらも注意を怠らず、悪い流れの時間帯

㉗ **落とし穴**
穴があることを知っていれば、決して落ちないような穴。サッカーはいつも落とし穴を用意して待っている。

関連 レベルの高い選手
→考察3・9・10・34

では我慢をしながら相手の隙を突く。「注意する」、「我慢する」と少し心の置きどころを変化させるくらいで、常に失点のリスクに対する備えは充分にしていなければいけません。

つまり、「流れ」というのは確かに重要ですが、いい流れを作るのはあくまで勝つための手段であって、目的ではないということです。

相手を押し込むことも、ラインを高くすることも、ボールをキープすることも「自分たちのサッカー」をすることも同様です。目的は常に勝つことであり、これらはそのための手段にすぎません。いい流れを持ってきたら勝つわけでも、悪い流れになったら負けるわけでもないのです。

特に、ラインを高くできて、ボールをキープできて、相手を押し込むことができているときは、そのことを肝に銘じなければなりません。そこに落とし穴が潜んでいます。

得点の可能性はそれほど変わっていないのに、なんとなく相手を上回っている気になり、注意を怠ってしまうと、サッカーでは必ず痛いしっぺ返しを食らいます。車の運転のように、「大丈夫だろう」と思った矢先に危険な場面が生まれてしまうのです。

㉘ 心の置きどころを変化させる
「気持ち」より深くにある「心」の置きどころ。咄嗟に気持ちが揺れたとしても、心は動かさない。

事実、最終予選のグループBはどの試合も同じような展開を見せていました。勝ち点では、日本、サウジアラビア、オーストラリアの三強となっていますが、3チームとも相手を圧倒した試合はほとんどありません。むしろ、試合全体を見れば、UAEやイラク、そして今回のタイのように、勝ち点を取れていないチームのほうがより「流れ」のいい時間帯を作れている印象があります。

しかし、結果は違います。

日本が世界のトップレベルと対戦したときは逆に、この試合のタイのように善戦しても勝ち切られてしまう試合をよく目にします。それをレベルの差と言ってしまえばそれまでですが、長い歴史を持つ強豪国との間に、「流れ」の捉え方にも差があると感じるのは考えすぎでしょうか。

関連 長い歴史
↓考察36

PITCH LEVEL

ピッチへの論点 2

勝敗の分かれ目

「終盤戦や決勝などの大事な試合について言えることは、不思議なほど、『その年のクラブや自分を象徴するような試合になる』ということです」

考察
6

アントラーズの勝負強さはどこから生まれたのか

大事な一戦、秘策の是非

鹿島アントラーズを語る上で欠かせないのが「勝負強さ」でしょう。サッカーの華やかさではライバルチームに劣っていても、タイトルを取るのは鹿島だという印象があります。

僕が大学を卒業するとき、いくつかの選択肢の中から、鹿島を選んだ理由の一つに、鹿島の勝負強さに触れ、その秘密に迫りたいという思いがありました。高校、大学と新興勢力と呼ばれるチームに所属していて、いつも伝統校の勝負強さに屈していたので、たとえ試合に出られなくても常勝と呼ばれる集団に身を置くことで学べるものがあるのではないかと考えたのです。

鹿島に所属した10年の間に、僕もたくさんのタイトルに関わらせていただきました。今でも「勝負強さ」に答えはないものだと思っていますが、タイトル

キーワード・関連記事

関連 大学を卒業
↓考察28

を争う紙一重の経験の中で、自分なりの気付きはありました。

まず、大前提として優勝するためには相応の力㉙が必要です。僕が加入してからの3年間、鹿島は一つもタイトルを取ることができませんでした。その後、6年間にわたってタイトルを取り続けることができましたが、何が違ったかと言うと、まずそもそも優勝するにふさわしい力がなかったと思っていました。勝負強さを語る前に、それだけの力をつけていなければ、優勝に辿り着くことはできません。

この前提でシーズンを決するような、終盤戦や決勝などの大事な試合について言えることは、不思議なほど、「その年のクラブや自分を象徴するような試合になる」ということです。これはつまり、勝負強くあるためには、一つの試合に対する特別な準備や秘策が隠されているのではなく、そこに至るまでの日々に答えがあるということです。

僕がそれを知ったのは、2008年の第33節で決勝点を決めたときでした。結果的に連覇をたぐりよせるゴールとなったわけですが、その年、僕は苦しいシーズンを過ごしていました。シーズン前に痛めた足をずっと隠しながらプレーをしていた僕は、日本代表にも呼ばれなくなり、肉体的にも精神的にも我慢

㉙ 相応の力
優勝を果たすチームはいつも優勝に相応しい。全てのチームが「勝ちたい」中で一チームにしか与えられない優勝とは、常に理由なく勝ち取れるものではない。

のシーズンとなっていました。得点を見ても、32節までに挙げたゴールはわずかに1点で、まさに不本意なシーズンでした。

連覇を目指すチームの中で、なんとか自らの役割をこなしながら、僕はこの苦しみがどこに繋がるのだろうかと考えて過ごしていました。それはゴールの見えない㉚孤独な戦いでしたが、そこから逃げなければ何か大きなことが待っていると信じ続けていました。

ゴールの瞬間は今でもスローモーションで思い出すことができます。ゴールに吸い込まれるボール以外の全て、人も時間も音も、その場にあるものは全て止まって見えました。

気が付いたときには、覆いかぶさる仲間たちの下敷きになっていました。振りほどこうとしても重すぎてびくともしませんでした。あの窒息しそうな重さも、やっとの思いで抜け出したあとに見た、サポーターの皆さんがスタジアムごと揺れる光景も、はっきりと思い出すことができます。幸せと言うほかない、圧倒的な景色でした。

苦しみの先にあったそのゴールは、勝負強さについての僕の解釈を変えてくれました。

㉚ **孤独な戦い**
期間が決まったものを頑張ることはそれほど難しくない。いつ訪れるか分からず、しかも本当に訪れてくれるか分からないもののために頑張るのはつらく、孤独なもの。

勝負強さとは「勝負所を決めない」こと

僕はそれまで、プロになる前を含めて、優勝がかかったような大事な試合では、あまり結果を出せずにいました。いつも勝負所と言われるときに何をすればいいのか悩んでいました。しかし、書いた通り、勝負所とは、そのときの自分ではなく、それまでの自分が表れる場面なのです。いや、むしろそれをよりごまかすことができない場面と言ったほうがいいかもしれません。

つまり、大事なことは、㉛日々の取り組みであり、どんな毎日を過ごしてきたか。それが勝負強さに繋がるのだと考えるようになりました。

そもそも、勝負所とは、事前にそれと分かるわけではありません。よく試合前に「勝負所だ」と周りが騒ぐような試合がありますが、実はそれは違います。本当に勝負を分けたポイントというのは、シーズンやその試合が決したあとに、あと付けで語られるものです。特にリーグ戦においては、諦めなければ何度でもチャンスは訪れてくれるのです。

だから僕は、勝負強さとは、「勝負所を見極めること」ではなく「勝負所を決めないこと」だと思っています。

㉛ 日々の取り組み
1年、5年、10年といった長い期間も日々が積み重なったものでしかない。1年を大切にしたいなら、1日を大切にするしかない。

一見、勝負強さと勝負所を決めないことは矛盾するように見えます。勝負所には勝負所の戦い方やメンタリティがあり、そこには特有の〝何か〟があるはずだと捉えられがちです。

では――。

勝者のメンタリティとはどういうメンタリティでしょうか？

勝者とは、大事な試合とそうではない試合を区別する人でしょうか？

「いつもより大事な試合」があるということは、「いつもより大事ではない試合」があるということです。勝者のメンタリティを備えた選手とは、そうやって自分で勝手に試合に優劣をつけたりはせず、どんな試合も勝つためにプレーできる選手だと思います。だから僕は、勝負強さとはそうしたメンタリティを持ち続け、日々の取り組みをしっかり続けることができたときの[32]ご褒美のようなものではないかと思っています。

鹿島には何があるのか。

あの頃の仲間と話すことがあります。

みんなが口を揃えるのは、鹿島に足を踏み入れたときの空気感です。クラブハウスに行き、グランドに立ったときに感じる独特の空気感。それは、勝つこ

関連｜勝者のメンタリティを備えた選手
↓考察7・8・9・11・23

㉜ ご褒美
最後の紙一重は「神のみぞ知る」誰かが客観的に判定しているように感じる。自分は与えられるにふさわしい男になり、待つだけ。

とに対して妥協を許さないクラブとして受け継がれてきた、日々のディテールへのこだわりから作られてきました。そこには、一つの負けも、それを招く可能性があるどんな小さなことも許さないという空気があります。

㉝負けてもいい理由を作るのは簡単です。全てのクラブが勝利を追求する必要もないでしょう。ただ僕は、勝ちたいです。そのために小さなことから、一つひとつこだわって、日々を積み重ねていきたいと思っています。

㉝ **負けてもいい理由**
負けの理由を探すことと、ひとまず置いておくこと。それもバランスだと思う。探すだけでも置いておくだけでも間違えてしまう。

大舞台に姿を現す勝者のメンタリティの正体

たった1点差。でも決定的に足りなかった

「勝敗の分かれ目」はどこにあるのか。「勝負強さ」について、経験から立てた仮説が先の「考察6」です。しかし、実際、それを体現するのは簡単ではありません。僕にとってファジアーノ岡山での最後の試合は、それを改めて痛感させられました。

最後の試合、それはクラブ史上初のJ1昇格をかけた一戦。この試合から学んだことは、ずっと考えていたはずのことでした。

2016年12月4日に行われたプレーオフ決勝で僕たちファジアーノは、初のJ1昇格をかけてセレッソ大阪と戦い、0対1で敗れました。

たくさんの方から「惜しかったね」と声を掛けていただきました。確かにあと一歩でした。

キーワード・関連記事

関連 J1昇格をかけた一戦
↓考察32・35

㉞ あと一歩
ほんの少しの「たられば」で違うストーリーを描くことは、サッカーにおいて簡単。しかし、全てに理由があり、サッカーにおける「あと一歩」はいつも大きい一歩なのだ。

しかし、僕の感覚では決定的に足りませんでした。たった1点ではありますが、僕たちは決定的に足りない――試合をしながらそのように感じました。

「足りなかったもの」

それは俗に、勝者のメンタリティと言われるものだったと思います。大舞台でこそ、その姿を現す実態のないもの。それをチームに植え付けることを目的として挑んできた2年間は、それが足りなかったことで終わりを迎えました。

やはり、勝負の神様は正直な方でした。

試合を簡単に振り返ってみましょう。

僕たちファジアーノは、初のJ1昇格を目指し、セレッソのホームに乗り込みました。プレーオフ準決勝で松本山雅FCに終始押し込まれながら耐え抜いて摑んだ劇的な勝利は僕たちに勇気を与えてくれていました。

試合は概ねセレッソのペースで進みました。特に前半は耐える時間が続きました。崩されることはなかったものの、展開は予想していたより苦しいものでした。

ただ、その展開はある意味で自分たちの展開とも言えました。セレッソほどの相手に先行逃げ切りを図るのは少し分が悪かったと思います。セレッソの勢いを受けたまま無失点で切り抜けていけば、自然に勝機が見えてくる。僕たち

関連 勝負の神様
↓考察5・20・23

関連 準決勝で松本山雅FC
↓考察2・15

の頭は統一されていたと思います。(35)

攻勢の流れで生まれた「失点」

一方で問題もありました。僕たちは、準決勝にはなかった小さな隙を相手に何度も与えていました。小さな隙は外から見ていては分からないほど些細なことです。例えば、プレーが切れた瞬間の一人ひとりの仕草、声、目線。僕は準決勝でチームが見せたものとは確実に違うものをこの試合で感じていました。

後半に入ると最初に攻勢に出たのは僕たちでした。流れを感じた僕たちは先制点を狙いました。決定的チャンスとはいかないまでも、何度か相手のゴール前まで侵入できました。

失点はそんな攻勢の流れの中で起きました。

ほんの少しの隙からでした。何気ないスローインからコーナーキックに持ち込まれ、最後はこぼれ球を押し込まれました。

失点シーンをどうこういうつもりはありません。サッカーとはそのシーンだけを切り取っては語れません。

勝負を分けたのは、自分たちの良い時間帯に相手に隙を与えてしまったこと

---

(35) 頭は統一されていた
試合の展開を読む頭。「まとまっている」、「バラバラである」とはその頭が揃っているか、揃っていないか。

関連 流れ
↓考察5・11・16・19

でした。悪い時間帯に見せた隙にはかろうじて耐えられていたものが、良い時間帯には耐えられませんでした。流れとは得てしてそういうものです。

逆にセレッソは、その後も全くと言っていいほど隙を見せてくれませんでした。失点後、僕たちは少しの勝機も見出すことができませんでした。

試合が終わって思い出したのは㊱自分たちの日常でした。

勝負所と呼ばれる試合で勝負を分けるのはいつも隙です。その隙は、そのときに突然顔を覗かせるものではなく、自分たちの日常に落ちている隙です。

全てはやはり日常に答えがあった。岡山での2年間では僕がやり切れなかったのだと思いました。

今から2年前。僕の岡山での旅が始まりました。

「クラブに勝者のDNAを植え付けてほしい」

そのために僕を名指しで呼んでいただきました。

1年目のシーズンでは、出だしこそまずまずのスタートを切ったものの、徐々に勢いを失い、夏前には一つ勝つこともままならない状況が続きました。

半年間、チームに溶け込むことを優先していた僕は、チームに㊲「熱」や「厳しさ」を持ち込むことに動き出しました。ときには㊳チームの雰囲気を壊すよう

㊱ 自分たちの日常
チームの日常を作り出すのは全員の意識レベル。サッカークラブとはつまるところ、その勝負だと思う。

㊲ 「熱」や「厳しさ」
「勝つこと」を目的として全ての言動を起こすことは意外に難しい。ときには厳しく指摘し合うことも必要。「勝つこと」が目的ならば。

㊳ チームの雰囲気
厳しいことを言わなければその場はみんなが心地良くいられる。しかし、問題は解決せず負けるまで噴出しない。

なこともしました。

目的は一人ひとりに自覚と責任を持たせることでした。僕はファジアーノの選手たちが、どこか自分の「色」㊴を出すことをためらっているように感じていました。恐れ、とも言えるかもしれません。真面目な選手が多く、言われたことはしっかりとやろうとする選手たちでしたが、そこから一歩先に進んで、自分の判断と自分の責任でチームのためにより良いと思うことにトライしようとする姿勢㊵が欠けていました。

加入半年で起きた「熱」のぶつかり合い

変化は少しずつ起こっていきました。

夏頃のある試合で、ある若手選手が僕の指示に言い返してきました。多分、そのときは僕が正論を言っていたと今でも思いますが（笑）、大事なことはそういうことではありませんでした。初めて「熱」がぶつかり合いました。

僕はそれがうれしくて、「これでチームは変わる」と思いました。

その頃から、練習中に選手たちが意見を言い合う場面が増えました。苦しいチーム状態のときに「自分に何ができるか」と相談に来る者もいました。いろ

㊴ 自分の「色」
全体が同じ色で塗りたくられたチームは強くない。一人ひとりの「色」が際立ち、かつ全体がつながって一つになる。そんなチームが理想。

㊵ 自分の判断と責任／トライしようとする姿勢
サッカーに正解はない。みんなと息をそろえたら、自分でより良い答えを見つけそしてやってみるしかない。

いろな選手と語り合いました。

僕たちは徐々に新しいチームの形を見つけていきました。そして、それぞれが自分の立ち位置を見つけていき、試合においても自分の「色」をよく見せるようになりました。

苦しいチーム状態において、僕たちはしっかりと団結と結束を示したと思います。徐々にまとまりを見せていった僕たちは、2年目に勝負をかける準備を整えました。


2年目は確実に勝ち点を稼いでいきました。プレーオフにも進出したことのないチームが、現実的にＪ１を見据えてシーズンを過ごすことができました。

しかし、確実な戦いを見せる一方で僕たちにはもう一つの顔がありました。波に乗り切れないのです。連敗がない代わりに連勝は3連勝が最高でした。チームの状態が良くなってくると、どこか自分たちでブレーキをかけてしまうようなシーズン。

それが完全に表面化したのがシーズン終盤の8試合連続勝利なしでした。

この頃、プレーオフ進出をほぼ手中に収めた僕たちはあわよくば自動昇格を、と躍起になっていました。しかし、その流れに逆らうように、チームはどこか歯車が噛み合わない状況に陥っていきました。

誰が悪いとか、何かがあったとか、そういうことではありません。ただ日常の中で、僕は少しだけ何かが違ってきたことを感じていました。

㊶キャプテンとして、どのタイミングで何をしようか、いろいろと考える時間も増えていきました。実際、㊷いろいろな手を使いました。しかし、僕は少し優しすぎたかもしれません。「熱」や「厳しさ」をもう一度注入しようとしても、1年目のようにはいきませんでした。

結局、プレーオフに進出することはできましたが、僕たちは最後に、一番大事な日常を少しだけどこかに置き忘れてしまっていました。

リンクしていたプレーオフと2年間

冷静に振り返ると、プレーオフの戦いと2年間の戦いがリンクしていることが分かります。

準決勝では、終始苦しい状況の中で団結と結束で劇的な勝利を掴み、決勝では「いける」と思った矢先に隙や甘さを露呈しました。

ここに学ぶべきは㊸ディテールが勝負を分けるということ。そして、そのディ

㊶ **キャプテン**
僕はキャプテンとしての立ち位置をチームの選手によって変えることを考えている。そのチーム、その選手がより大きくなるための自分。イメージよりは甘いキャプテンだと思う。

㊷ **いろいろな手**
選手全員でのミーティング。個々人との対話、声かけ。みんなの気持ちやタイミングを見計らって行いました。その結果はまだ出ていないと思っています。

㊸ **ディテール**
レベルが上がれば上がるほど、差は小さくなる。つまり上に登れば登るほど、ディテールを極めることでしか差を作れないということ。

テールとは日常によって決まってくるということだと思います。

　岡山での2年間の終わりは悲しいものでした。思い描いた美しい形ではありませんでした。しかし、ちょっとだけ僕はこれで良かったと思っています。僕たちは、苦しいときを日常によって乗り越え、良いときを日常によって手放してしまいました。そして、そのほんのちょっとの日常の隙が勝負を分けることを、言葉ではなく、経験として知ることができました。それが100年続く岡山の歴史の一部になり、DNAに刻まれたことを願います。

　僕は、勝負の神様は日常の中で、2つの状況で僕たちを試しているように思います。良い状態のときと苦しい状態のとき。

　勝負を決する試合では、正直にその答えを示されます。

試されているのは日常です。その答えが勝者のメンタリティと呼ばれます。

「勝負の神様は細部に宿る」

　よく聞きます。間違いありません。併せて僕は、

「勝負の神様は日常に在る」

　と断言できます。

考察
8

勝負強いチームにある「表の顔」と「裏の顔」

サッカー人生最大の「勝負所」

「勝負強さ」。サッカー選手のみならず、アスリートにとっては永遠のテーマです。ここ一番で結果を出せる人、出せない人。なぜか最後には勝つチーム、負けてしまうチーム……。

この差について、僕の基本的なスタンスとして主にメンタリティの面でお話しをしてきました。ここでは、実際に勝負所の試合でどう戦ったか、その戦い方について振り返ってみたいと思います。

僕のサッカー人生で一番の勝負所だったと思い出されるのが、(44)3連覇をかけた2009年の最後の2節です。32節を終え、僕たちは勝ち点2差で川崎フロンターレを抑え、首位に立っていました。しかし、33節はガンバ大阪、34節は浦和レッズと、ライバルとの試合を2つ残していました。

キーワード・関連記事

(44) **3連覇**
サッカークラブは3年計画で、チームを作る。ということは、3連覇とは、全てのチームの「勝負の年」に勝ったということである。

3連覇とは、当然2連覇を果たしたあとにしか挑戦できません。力の拮抗したJリーグにおいては2連覇でさえ難しく、僕たちには3連覇への挑戦は自分たちのサッカー人生において最初で最後だろうという思いがありました。㊺プレッシャーと緊張で、最後の2週間はほとんど寝られませんでした。正直、その息苦しさから早く解放されたいと思うほど重圧を感じていましたが、過ぎてみて思うと、サッカー選手として幸せな時間だったなと思います。

では、そんな重圧の中で迎えた人生の勝負所とも言える局面で、僕たちが見せた「戦い方」とはどのようなものだったか。

理想を追求する一方で持ち合わせたスタイル

鹿島アントラーズには伝統的なサッカースタイルがあります。「4-4-2」で攻守に主導権を握る。このシーズンもそのスタイルに磨きをかけ、多くの勝ち点を重ねていました。勝つために作り上げた理想のスタイルを追求し、3連覇を目指す中でその完成度はかなりのレベルに達していたと思います。

しかし、僕たちがこの大事な試合もその理想のスタイルを貫くことができたかというと、そうではありませんでした。

㊺ プレッシャーと緊張
たくさんの方の期待を背負うプレッシャー。考えれば考えるほど押し寄せる緊張。何度も眠れない夜に出会いました。

関連 理想のスタイル
→考察1・4

実は、当時の僕たちにはもう一つのスタイルがありました。それは、㊻相手に一度主導権を渡しながら、徐々に㊼勝ち筋を見つけていくスタイルです。いつもいつも自分たちの理想のスタイルを貫こうとするのではなく、相手に流れを取られるようなときは、自分たちのいいときのスタイルに固執しない潔さがありました。

これを踏まえた上で、この最後の2試合、33節と34節は「勝負強さ」を語るにあたってとても興味深い事実があると思っています。

33節は、ホーム、カシマスタジアムでのガンバ戦でした。ガンバはその頃、超攻撃的なスタイルでたくさんのタイトルを獲得していて、その年も圧倒的な得点力で僕たちと優勝を争っていました。33節を僕たちと勝ち点3差の3位で迎えたガンバも強いモチベーションでカシマに乗り込んできました。

試合は前半こそスコアレスで終えたものの、晴天の中、ホーム最終戦の素晴らしい雰囲気に後押しされて、僕たちはそれほど硬さを見せない戦いができました。後半にはできすぎなくらい、次々とゴールが生まれ、終わってみれば5対1の圧勝でした。勝負所で、自分たちの理想のスタイルがよく出せたと言える試合でした。

一方の34節は最終節。2位川崎との勝ち点差は2のままで、勝たなければ自

㊻ 主導権を一度渡し
慌てて早く主導権を取り戻そうとすると、バタついてしまう。そんなときは相手に渡したまま、少し嵐が去るのを待つことも有効。決壊しないように風穴はふさぎながら。

㊼ 勝ち筋を見つけていく
どんな試合にも勝ち筋はある。諦めることなく道を探し続けていれば、道は見えてくる。だから我慢できるチームは強い。

力優勝がかなわない状態での一戦は、アウェーで浦和との対戦でした。浦和に優勝の可能性は残されていませんでしたが、鹿島にとって宿敵と言える浦和とのアウェー戦は、最高の舞台での最悪の相手と言えました。

自分たちのスタイルが貫けない

その日は前節とはうって変わって雨がピッチを打ちつけ、どんよりとした空気がスタジアムを覆っていました。試合もその天気のように、重く、苦しい立ち上がりとなりました。

さいたまスタジアム独特の空気に押され、なんとか僕たちの3連覇を阻もうと勢いを持って試合に入ってきた浦和に、立ち上がりは完全にリズムを取られてしまいました。硬い立ち上がりになることは想定していましたが、[48]想像以上に押し込まれる展開になりました。

しかし、僕たちは冷静でした。まずはこの相手の勢いが止まるまで、ジタバタせずに我慢しようと割り切りました。理想のスタイルの追求をいったん横に置いたわけです。

僕はディフェンスラインを任される者として、中盤を取り仕切る小笠原（満

㊽ **想像以上に押し込まれる展開**
試合前具体的な想定はしないが、漠然と想像はする。ただそれも、少し余白を残しておく。

男）選手と「前半は我慢だ」と何度も声を掛け合ったのを覚えています。何回か危険なシュートもありました。ただ相手の攻撃を受けながらなんとか無失点で前半を切り抜けた僕たちは、後半にリズムを取り戻せると考えていました。

現実は、後半に入ってもなかなか思うようには主導権を握れませんでした。相手の勢いを止めることはできていましたが、僕たちがリズムを取ったと言える時間帯もなかったと思います。ひたすら我慢が続く試合展開でした。

見ている人からしても、息苦しくなるような展開だったでしょう。でも、「できるだけ主導権を握ることを目指して試合に入るけれど、リズムが取れないなら守備からやり直し、我慢をすることで勝ちへの筋道を立てる」のもまた僕たちのスタイルでした。

ここまで書いてきたように、勝負所の試合とはそれまでのシーズンの自分たちをごまかせない試合になります。攻撃で相手を圧倒するだけでなく、守備から入ることでリズムを取り直す戦いを織り込んで試合に挑んでいた僕たちにとっては、我慢の展開も僕たちのリズムと言えたのかもしれません。

後半21分の興梠（慎三）選手（このときはまだ鹿島の選手でした）のゴールは、暗闇に突然射した一筋の光のようでした。興奮してベンチ前まで駆け寄った僕でしたが、それまでの展開を考えるとまた押し込まれるのは目に見えていて、

㊾前半は我慢

人数をかけて攻めに転じず、まずは失点しないところから前半を考える。勝ち筋を揃える作業。

㊿自分たちをごまかせない試合

頼るのは自分たちの日常しかない。そのときに自分にくもりがないこと。努力とはそのためにある。

一声掛けたらすぐにポジションに帰りました。

その後の展開は予想通りでした。残りの時間はさらに攻勢を強めてきた浦和の前に紙一重の場面が続きました。

3年間積み上げていたものがたった一つの失点で崩れ去る怖さをみんなで共有し[51]、呼吸を合わせて体を張ることで乗り越えました。

結局、1対0で浦和を降し、僕たちは3連覇を達成しました。

自分たちのスタイルを手放すというスタイル

この2試合を振り返って思うことは、勝負所の試合に勝つ確率を上げるためには、「自分たちのスタイル」と呼べるものに「表」と「裏」を用意しておくことが大切だということです。僕たちには、主導権を握り、相手を圧倒するという「表」の戦い方があり、逆に相手や流れによっては守備から入り、我慢をしながら流れを引き込んでいく「裏」の戦い方がありました。

試合の最初は、できるだけボールを保持してリズムを取り、相手を押し込んで圧倒しようとします。ガンバ戦のようにそれで押し切ることができれば、まさに理想的です。

---

51 怖さをみんなで共有
頭のどこかに怖さがあった。怖いから、みんなで手を繋いだ。声を掛け合った。そして、それぞれの責任を果たし合った。

しかし、大事な試合では硬さもあり、相手も同じようなモチベーションで来れば、それはそんなに簡単ではありません。浦和戦のように、いつものリズム(52)を取れない試合のほうが多いと思います。そうしたときに、一度スタイルを変えてでも我慢する、というプランも織り込んでおくことが必要になります。

これは、下がるとか逃げるとかということではありません。

大事なことは、(53)戦い方に多様性を持っておくことなのだろうと思います。そのことにより、自分たちの理想的な展開にならないときでも、慌てることなく勝ち筋を見つけることができ、プレッシャーのかかる状況でも常に自分たちのリズムに持っていくことができます。

勝負所の試合となると、自分たちの(54)一番いいスタイルでぶつかっていこうと考えがちです。それは選手として当然で、正しいことだと思います。ただ、理想にこだわりすぎて、目的が勝つことから外れてしまってはいけません。

このようなとき、自分たちのいいときのスタイルにこだわらないことは、それにこだわることより難しいものです。

しかし、勝負強くあるためには、自分たちや自分たちの戦い方(スタイル)にプライドを持つことより、(55)勝つことこそがプライドであることが大事なのだと思います。

---

(52) リズムを取れない試合のほうが多い
プレッシャーや緊張がいつも以上に加わる試合においては、その心が共鳴し合ってリズムがおかしくなる。

(53) 戦い方に多様性を持っておく
力を持つものではなく、変化に対応できるものが残る。歴史がそう教えている。

(54) 一番いいスタイルでぶつかっていこう
「ベストを尽くす」とは「一番いい試合」を目指すことではなく、「勝つためのベスト」を探すこと。

(55) 勝つことこそがプライド
勝てばうれしく、負ければ悔しい。勝負事はそれ以上でもそれ以下でもない。

考察
9

なぜかそこにいる選手。ゴールの決め手とは

100回狙って1回あるかないか

2016年7月31日、J2第26節ギラヴァンツ北九州との一戦で僕は決勝点を決めることができました。フリーキックに豊川（雄太）選手と赤嶺（真吾）選手が飛び込んだ「こぼれ球」を押し込んだだけの、まさに〝ごっつぁんゴール〟でしたが、チームに勝ち点3をもたらす貴重なゴールとなりました。

この1週間前、浦和レッズの李（忠成）選手が鹿島アントラーズとの一戦で同じようにこぼれ球を押し込み、決勝点を決めました。そのときヒーローインタビューで、「(56)100回狙って1回あるかないか、を狙ってきた結果」というような話をしていましたが、こうしたゴールは、コンスタントに得点を決めるためにとても大事なものです。

勝敗の分かれ目とも言える、この「ゴールの形」と「ゴール数」について考えて

キーワード・関連記事

(56) **100回狙って1回あるか**
感覚的にはこの位の確率。ほとんどボールは転がってこない。それでやめるのか、続けるのか、一つのディテール。

みると、面白いことが見えてきます。

小さい頃、〝キング〟カズ（三浦知良選手）に憧れるとともに、その横で（今はテレビで大活躍されている）武田（修宏）さんがいつも〝ごっつぁんゴール〟を決めていて、どうしていつもそうやって点を取り続けられるのか不思議に思っていました。

いつの時代も、毎年のように得点ランキングに名を連ねる選手は、「なぜかそこにいる」という表現で語られる、簡単に見えるゴールが多い印象がありますが、実はそこに、プロの世界でゴールをコンスタントに取り続ける秘訣があるのです。

チャンスは突然やってくる

僕たち選手は当然ながら、毎日のようにサッカーをしています。試合がない日もチームメイトと汗水流して練習に励んでいます。サッカーをやめる日が来るまで、自分の目指す選手像を描きながら日々取り組んでいきます。

その中で僕たちがいつまでも直面する不変の課題が、サッカーは「ゴールが生まれにくい」スポーツだということです。(57)

(57) **「ゴールが生まれにくい」スポーツ**
きっとサッカーにおいては、正しいことを正しくできたとしても、ゴールはなかなか生まれないのだ。

思うようになかなか物事が進んでくれません。

その分、ゴールの価値はものすごく高く、特にプロの世界では、一つのゴールで人生が変わることも少なくありません。

しかし、その一つのゴールが生まれるまでにはたくさんの無駄と思われるような動きを地道に繰り返さなくてはいけません。李選手が言うようにそれは100回に1回かもしれませんが、一つの大きな感動を味わうために、(それまでに)何倍もの〝無駄〟を無駄と思わず繰り返すのです。

サッカーは流れるスポーツなので、いちいち「チャンスだ」と気持ちを入れ直すわけにはいきません。チャンスは突然やってくるのです。

そのときに体が反応するのは、自分が取り組んできた日常です。つまり、「やるときはやる」ではコンスタントな結果は得られません。ごっつぁんゴールを決めるためには、毎日練習から、いつも可能性を信じてこぼれ球に詰め続ける習慣を身につけておかなくてはいけないのです。

ストライカーとして成功する選手しない選手

例えば僕は、練習から、クロスに対してニアサイドに飛び込むとき、頭を越

---

⑱ 無駄と思われるような動き
「どうせ来ないだろう」。誰もがそう思うなら、勝負はそのときだ。

⑲ 習慣を身につけて
意識して練習し、無意識にできるようにする。それが試合の中での「反応」になる

えた場合は即座に折り返しのボールやシュートのこぼれ球に反応するためにゴール前に詰めるようにしています。その形から、前述したギラヴァンツ戦でのゴールが生まれました。しかし、この形で僕がゴールをしたのは何年ぶりだったでしょうか。記憶では10年近くなかったように思います。

小さい頃は疑問に思っていた〝ごっつぁんゴール〟の価値は、プロに入りサッカーを学んでいくにつれて、とても大きなものだと知ることになりました。

僕はプロに入り、たくさんのストライカーと出会ってきました。その中で、プロに入ってストライカーとして成功する選手とそうでない選手の分かれ目として、こうした〝簡単に見える〟ゴールにどれだけ執念を燃やせるかが大きなポイントとしてあるように思います。それは、「スーパーゴール」を求めない、ということです。

サッカーにおいてスーパーゴールは常に人を魅了し続けています。サッカーの醍醐味の一つでしょう。スポーツニュースを見れば、いつもどこかでスーパーゴール集が流されます。僕たち選手もそれを見て憧れたり、練習してみたりします。

ただ一方で、スーパーゴールとは、なかなか決まらない形だからスーパーゴールだということを忘れてはいけません。多く決まるような形はスーパーゴー

関連 ストライカー
↓考察17・25・31

60 スーパーゴールを求めない
「シンプルに」とはサッカーでよく言われる指示だが、シンプルであるとはどういうプレーであるかを整理することが大切。

ルにはならないのです。つまり、たくさんのゴール数を目指すのであれば、スーパーゴールを求めていてはいけないのです。

プロに入るような選手の多くは、プロに入るまでは〝スーパー〟な選手です。何人もかわしてゴールを決めたり、相手の上からヘディングを叩き込んだり、豪快なシュートもバンバン決めていたのではないかと思います。

スーパーゴールを求めないこと

プロに入ったとき、そうしたスーパーゴールを決めていた選手たちは、プロに入るまでに抜きん出た存在であればあるほど、それまでの自分のゴールの形から抜け出せず、それが落とし穴になってしまうことがあるように見えます。

プロになれば、対戦相手もプロになります。それまでの形ではそうそうゴールはできなくなります。自分の得意な形を諦める必要はありませんが、微調整(61)を加えなくてはいけません。

だから、プロに入るまでのゴールの形と、プロに入ってからのゴールの形を自分の武器の中で〝具体的に〟変化させる必要があるのです。

これはストライカーだけに言えることではありません。中盤の選手もそうで

関連 プロに入るような選手
↓考察9・20・25・28・29・34・35

(61) **微調整**
変えるべきところと変えずにいるべきところのバランス。人は結局、なりたい自分になっていると思う。

すし、僕のようなセンターバックも同じです。

　僕は大学までのゴールの取り方とプロに入ってからのゴールの形は意図的に変えています。なぜならゴールを取りたいからです。というよりも勝ちたいからです。

「凡事徹底」

　この世界でよく使われる言葉です。シュートを打ったら詰める、打たれたら戻る。先に触る、触らせない。走る、ついていく。

　スーパーゴールに隠れたサッカーの本質と言えるかもしれません。

　日本代表やチームの中心に上り詰めていくような選手は、練習におけるたった1本を大切にしています。サッカーはミスが多いスポーツで、確率から言えば可能性は低く、報われることは少ないものなのに、です。

　いや、確率が低いからこそ、そうしたことが大きな違いになるのでしょう。

　一つのゴールや一つの勝利は一つひとつのこだわりの結果です。そして、コンスタントな結果とは〝続けること〟の産物です。

　スーパーゴールもそうでないゴールも、ゴールにはいつも意味があり、そこにサッカー選手が本当に日々取り組んでいるものがあると僕は思います。

考察 10

「レベルの違い」はどこにあるのか

鹿島以降に求めた「できるだけ違う経験」

鹿島アントラーズを離れてもう4年目となりました。その間、僕はタイに1年間渡り、その後、J2のファジアーノ岡山で2年を過ごしました。今ではカテゴリーとしては〝5部〟にあたる、関東1部リーグで選手兼コーチとしてプレーするかたわら、東京大学のサッカー部の指導を行っています。

鹿島を離れるときに僕は、鹿島でしてきたものとは「できるだけ違う経験」[62]を求めました。そして、ありがたいことに望んだキャリアを歩むことができました。「できるだけ違う経験」を求めたのは、自分の中にあるいろいろな疑問、思考への答えが見えてくるような気がしたからでした。

経験してきたことや、見てきたこと。

それらを客観的に評価するためには、できるだけ真逆の視点[63]が必要だと思っ

キーワード・関連記事

62 できるだけ違う経験
自分がこれまで取ってきたものをもう一度取りに行く経験ではなく、取ったことのないものを新たに取りに行く経験。

関連 キャリア
→考察13・22・28・31・32

63 真逆の視点
例えば球を見る。一つの面から見るだけでは円柱かも知れないし円錐かも知れない。

ていたのです。

少しレベルが落ちるとされる国やカテゴリーでプレーしてみて感じた違いには、予想していたものとそうでないものがありました。勝敗の分かれ目は「レベル」で語られることが多くあります。ここでは、率直に感じた「レベル」の違いについて書いてみます。ちなみに、「レベルの高い、低い」「違い」という言葉はとても使いづらく、誤解を招いてしまう可能性もあると思います。今回はそれを承知で、あえて書かせていただきました。ご了承ください。


まず、よく言われるのが「環境」の違い(64)です。この4年間は鹿島のように、全てが用意される環境には到底ありませんでした。

タイでは練習場を転々としましたし、練習場の変更の連絡がなく一人佇んでいたこともありました。ファジアーノでも一部の荷物が個人管理だったり、食事など管理が充分に行き届いてない面もありました。社会人リーグでプレーしている今では、全ての荷物はもちろん個人管理ですし、練習や試合はほとんどが人工芝で行われます。

大きな違いと言えば、確かに大きな違いです。ただ、この点に関しては自分でも驚くほど不満に感じることはありませんでした。

---

(64)「環境」の違い
選手である前に人間。サッカーをする前に生活がある。「どこでプレーする」には「どこで生活をする」も当然含まれる。

自分で望んで選んだ道だということもありますし、何より、そうしたことにあまりプライドというものがないのだと思います。

それより大きく違いを感じた点はやはりピッチ内にありました。特に、2つの点で〝それまで〟とは大きく違っていました。

鹿島で語り継がれるある日の練習

一つは、日々の練習におけるテンション⑥⑤の違いでした。これはある程度、予想していたことでした。

僕にとってプロの練習とは「戦いの場」です。試合に出るためには、練習で自分の価値を示し続けなければいけません。それは監督に対してだけでなく、チームメイトに対してもです。

プロの世界は試合に出てナンボ⑥⑥です。みんな出たくて仕方ありません。けれど、11人しか試合には出られません。出られない選手が約20人もいるのです。だから、自分が試合に出ることをチームメイトたちが納得しなくてはいけません。それを示すのは練習です。試合で戦う前に、まず練習で戦わなくてはいけない。それが鹿島で得た「当たり前」でした。

---

⑥⑤ **テンション**
ブラジル人監督たちは、「プロとしてのモチベーションとは人に与えられるものではなく、自分で持つべきもの」とよく言っていたなぁ。

⑥⑥ **試合に出てナンボ**
結果の世界は結果で変わるものばかり。分かりやすくもあり、ちょっと寂しくもある。

関連 示すのは練習
↓考察7・8・36

鹿島時代のエピソードが一つあります。

いつだったか思い出せませんが、あるとき、紅白戦で僕と小笠原（満男）選手がサブ組に回されたことがありました。僕は悔しくて、正直言ってイラっとしました。小笠原選手も同様だったと思います。

その紅白戦はまさに戦場と化しました。ディフェンスラインでは僕が、中盤では小笠原選手が猛然とレギュラー組の選手に襲いかかりました。公式戦さながらのバトルでした。小笠原選手と僕に触発されて、若手選手たちも激しさを増していきました。鬼気迫る練習でした。今では鹿島の中心選手となった、当時の若手選手たちはよくこの日の練習のことを口にします。こうして、鹿島ではそれが当たり前として受け継がれていくのです。

鹿島を離れ、その温度（67）にはやはりなかなか出会えなくなりました。特にタイでは、文化の違いも相まって、その温度差は大きかったと思います。

タイでもファジアーノでも、そして今の東京ユナイテッドでも、程度の違いこそあれ、そこに大きな違いを感じた僕は、その度に「チームメイトたちを変えよう」と思うことはやめてきました。

諦めたのではありません。変わるとすれば、僕が変えるのではなく、彼らが変わる（68）のだと思ったのです。僕はただ、自分の基準をぶらさずに戦い続けてい

（67）**温度**
ときに火傷しそうなほどの温度が必要。決して表にだす必要はない。心の温度である。

（68）**変えるのではなく、彼らが変わる**
そういえば、鹿島アントラーズはジーコさんが変えたのではなく、ジーコさんに刺激を受けた日本人たちが変えたのだなと思う。

ればいいのだと思っています。

とは言いながら、プレーにおいて言い続けた一つの指摘があります。それが大きく違いを感じたもう一つのことです。

それは「頭を止めない。頭を回し続ける」[69]ということです。こちらは、予想していたものより大きな違いでした。

ニックネームとなった「Don't stop」

サッカーにおいて、時計の針はハーフタイム[70]にしか止まってくれません。その間、ボールは丸く、常に状況は移り変わっていきます。

ボールを保持している選手はパスの「出し手」ですが、パスを出した瞬間に「受け手」に変わります。すぐに頭の中を書き換えて、情報を更新していかなくてはならず、そこにタイムラグが生じていると的確な判断はできません。

このタイムラグに大きな違いがありました。

ちょうど、漫画がアニメになるのと似ています。

一つひとつにプレーがあり、判断があります。その一つひとつの〝絵〟を繋ぐ間の時間に、移り変わる状況の情報を常に更新し続け、タイムラグをなくし、

---

69 頭を止めない。頭を回し続ける
一つひとつのプレーを別個に捉えているところから連続するものに変えることができたとき、見える景色は大きく変わる。

70 ハーフタイム
ハーフタイムでチームを変えることは難しくない。だからこそ大事な時間だが、同時にハーフタイムでないと変えられないのは寂しい。

関連 **判断**
↓考察11〜15

連続するように頭を回し続けなくてはいけません。

レベルの高い選手は頭の中をアニメのように回し続けているのに対し、レベルの低い選手は漫画のように捉えてしまっているように見えます。

この違いは、僕が最も驚いた部分でした。それまでよりレベルの高いところでサッカーをした選手がよく「スピードが違う」という言葉を使うのは、きっとこの頭を回し続けるスピードのことだと思います。

タイでは言葉を話せなかったので、「Don't stop」という言葉をニックネームになるほど言い続けました。日本ではありがたいことに言葉が通じますので、試合におけるあらゆる状況で細かく指摘し続けるようにしています。

レベルが違えば、当然、あらゆるものが違います。ただ、僕が感じた大きな違いは、技術や体力といった外面的なものより、むしろメンタルや頭の中、内面的なものです。つまり、テクニックやフィジカルといった、(71)サッカーの「才能」と言われる能力ではありません。

ここにサッカーのおもしろさがあります。サッカーを考えるヒントがあります。勝敗の分かれ目があるのです。

サッカーには常に表と裏があるということです。だからサッカーはおもしろい。そして、果てしない。

---

(71) **サッカーの才能**
村井チェアマンによると、Jリーグが独自に調べたところ、成長する選手に共通の能力は「傾聴力」と「主張力」。

PITCH LEVEL

ピッチへの論点 3

判断と想像力

「『サッカーを知っている』選手はいつも
〝相手〟とプレーしています。
判断にいつも〝相手〟がいます」

考察11

「サッカーを知っている選手」とはどんな選手か

唸った川崎Fの中村憲剛選手のプレー

「○○はサッカーをよく知っている」

この世界でよく使われる言葉です。僕が10年間プレーした鹿島アントラーズは、これまでたくさんのタイトルを取ってきたことから、「チームとしてサッカーを知っている」とか、「勝ち方を知っている」とか言われます。

では、それはいったいどういうことなのでしょうか。

昨年（2016年）のJ1第7節にこんなシーンがありました。

FC東京対川崎フロンターレ。この試合、2対4で川崎が勝利するのですが、89分に川崎がダメ押しの4点目を奪ったシーンで、僕は中村（憲剛）選手のアシストをする前のプレーに、思わず「さすが」と唸りました。

2対3と、川崎のリードでロスタイムを迎えたその場面、中村選手はハーフ

キーワード・関連記事

関連 チームとしてサッカーを知っている／勝ち方を知っている

↓考察6・8

ウェーライン付近でボールを受けました。そして右前方に大きなスペースがあるのを見て、コーナーフラッグ付近を目指してドリブルを開始します。

時間帯を考えても、ここはボールキープをするのが一つの定石でしょう。しかし、中村選手は違ったのです。キープに入ると誰もが思った瞬間、FC東京の選手がゴール前の準備を怠っていることを察知した中村選手は一気にスピードを上げ、突然ゴールを目指し始めました。そして、フリーになっている選手に見事なアシストを決め、試合を事実上終わらせました。中村選手の真骨頂ともいうべき、まさに「サッカーを知っている」プレーだったと思います。

このプレーがなぜサッカーを「知っている」ことになるのかは後述することにして、ここで僕の話を少しさせてください。

サッカーにはいつも「相手」が存在する

鹿島で10年間プレーし、幸せなことにたくさんのタイトルを取ることができました。しかし、僕は10年間、必死に戦っていただけで、結果を出す秘訣も自信も、何も持ち合わせていませんでした。

書いてきたように、鹿島にいるだけでは鹿島に何があるのかは分かりません。

僕がプレーしてきた10年間はどういったものだったのか、それを外に出て、別の角度から見てみなければ、結局僕は何も分からないままで引退するように思いました。

鹿島での自分とできるだけ違う視点を得るために、海外でプレーすることと、日本国内で〝これから〟のクラブでプレーすることを望み、縁あって、タイのBEC TERO SASANAで1年プレーしたあと、ファジアーノ岡山を経て今に至ります。

鹿島を離れ、４シーズン目を迎えましたが、少しずつ鹿島での10年を整理することができてきました。そして新たな経験のもと、サッカーを捉え直してきました。

それはつまり、「サッカーを知っている」とはどういうことなのかを考えることと同義でした。

鹿島には何があったのか。サッカーを知っている選手とはどんな選手なのか。おぼろげに見えてきた僕の答えとして、「サッカーを知っている」とは「相手を知っている」いう言葉に置き換えられると思っています。

「サッカーを知っている」選手はいつも〝相手〟とプレーしています。判断にいつも〝相手〟がいます。

関連｜外に出て、別の角度から見る
↓考察32・34・37

関連｜BEC TERO SASANA
↓考察10・21・32・33・34・35・37

関連｜判断
↓考察11〜15

例えば、「どこにパスを出すか」とか「いつ動き出すか」という判断をするときに、味方の選手の動きだけでなく、相手の選手の動きや心理(72)も考えることができているか。

例えば、相手が仕掛けたい攻撃があるときに、その流れを削ぐようなプレー(73)ができるか。

例えば、相手にとって流れがいい時間帯に、我慢の時間と割り切って判断を変えられるか。

先の中村選手のプレーで言えば、「ゴールに向かう」という判断をするかしないかを「相手」によって決めています。相手がしっかりと対応してきていればきっとボールキープに入ったでしょう。コーナーフラッグを目がけてドリブルをすることで「相手」がどのように考えるか、想像をしながらプレーしていることがうかがえます。

自分のプレーを選択するときの基準にいつも〝相手〟が存在する。

それは一見当たり前のことですが、流れる時間の中で絶えず判断を繰り返すサッカーというスポーツの中ではとても難しいものです。

もっと噛み砕いて言えば、相手の意図ややりたいことを考えた上でプレーで

---

(72) 心理
目線、性格、経歴まであらゆることから想像する。だから毎年選手名鑑は二冊買います。

(73) 流れを削ぐようなプレー
鹿島に入団したとき、トニーニョセレーゾ監督が「センターバックの仕事はゲームを作ることではなく、壊すこと」とよく言ってたな。

関連 流れ
↓考察5・7・16・19

きる、つまり相手が嫌がることができるということです。

そこには想像力が必要です。経験が伴うものもありますが、それ以上に、起こった現象に対してどこまで相手を想像して考えることができるかということが大事だと思います。

鹿島の話をしますと、ブラジルは最も「サッカーを知っている」と言われている国で、鹿島はブラジルの影響を強く受けてきました。僕が鹿島に所属していた10年の間に4人のブラジル人監督のもとでプレーさせていただきましたが、センターバックの僕に彼らが言うことはいつも同じでした。

「センターバックは相手フォワードにいつも存在を示さなくてはいけない。相手フォワードが岩政の前でボールを受けるのを嫌がらなくてはいけない」

これはまさに相手を強く意識した言葉です。相手に嫌がられることの重要性、そして、何をしたら相手は嫌がるのか。相手のことを知り、想像する力が必要だということです。

マリーシアという言葉の誤解

ブラジルや鹿島のサッカーを語るときに、「マリーシア」という言葉が使われ、

関連 **想像力**
↓考察11〜15

関連 **センターバック**
↓考察3・12・19・22・24

その言葉が独り歩きし、「ずる賢いプレー」[74]を通り越して、「汚いプレー」[75]という印象で語られることがあります。

しかし、そのサッカーを身近に学ばせていただいた者として、それは大きく的を外していると言えます。彼らが言い続けていたのは、サッカーは心でプレーするということ。そして、自分たちがいいプレーをするということは、相手がいいプレーをしないということ、だと思います。

先にも書いたようにサッカーは、90分という流れる時間の中で常に状況判断を求められます。サッカーボールは丸く、状況は刻一刻と移り変わります。

「自分」、「味方」、「ボール」そして「相手」。

常に状況をアップデートしていきながら、的確な判断ができるかが勝負を分けるディテールになります。

つまり、「サッカーを知っている選手」とは、状況に「相手」も含めて判断できる選手であり、それはつまり、想像、考えることができる選手と言えるのです。

---

⑭ ずる賢いプレー
「ずる賢い」の本質は相手の心理を〝動かす〟こと。心理を動かすことができればゲームを操れる。

⑮ 汚いプレー
ずる賢いプレーは先を見ている。汚いプレーは今しか見ていない。

関連ディテール
→考察4・6・7・21

考察
12

セットプレーのポイントは「体格」だけではない

ブラジル人のセットプレーへのこだわり

「判断」「想像力」の重要性は、ピッチの中でより顕著に現れます。例えば、拮抗した試合であればあるほどキーになってくる、セットプレーがそうです。

肉弾戦のように思われがちなセットプレー。そこで重要なのは「想像力」だと言ったら、皆さんは疑問に思われるでしょうか。

日本人は体が小さく、セットプレーを苦手にしています。僕も何度か対戦経験がありますが、⑯ヨーロッパなどの大柄な選手は背が高いだけでなく、胸板が分厚く、向かい合うだけで恐怖心を抱いてしまいます。

正直に言えば、セットプレーでは⑰体格の差がそのまま質の差を生み出す部分があると思います。しかし、そこに打つ手がないか、と言われればそんなことはありません。

キーワード・関連記事

⑯ **ヨーロッパの大柄な選手**
マンチェスター・Uと親善試合をしたときにリオ・ファーディナンドとオシェイが後ろから上がってくるときはビビったな。

⑰ **体格の差**
高さだけでなく幅。体の使い方も含めた懐の大きさ。

僕は人一倍、セットプレーにこだわりを持ってきました。攻守どちらについても、です。

プロに入ってからの11年間（タイでもブラジル人監督だったのです！）、ブラジル人監督のもとでプレーしました。ブラジル人のセットプレーに対する厳しさは生半可ではありません。自分のマークで失点を許そうものなら、ミーティング⑱でボロカスに叱られました。

ピンポイントで合わされたり、こぼれ球を詰められたり、それを防ぐのがどんなに難しい状況であっても、責任を全て僕に押し付けるように指摘されたのは一度や二度ではありません。セットプレーが勝負を分けることをよく知っているのだと思います。

おかげで僕は、プロに入ってからというものセットプレーについては随分と緻密に取り組んできました。特に若いときは、たくさんのことができない僕にとって、まず分かりやすい形でチームに貢献する形として意識し、武器になるようにと考えていました。

「セットプレーは集中と注意だ！」

ブラジル人監督はそう言っていつも僕たちを鼓舞していました。

---

⑱ ミーティング

オリヴェイラのミーティングは長かったし、多かったな。今ではあの頃の選手たちの思い出話になっています。

関連 責任
↓考察2・7・26・30・38

関連 武器
↓考察9・14・22・27・29

セットプレーはほとんどの場合、そのときの㊾ゴール前の空気感で得点や失点が決まっています。それぞれが人任せにすることなく周りに注意を配り、かつ個人の責任から逃げず、集中を持って最後まで相手に負けない意識で挑めば、そうそう失点するものではありません。得点においても然りで、相手の集中力の上をいく飛び込みを見せなければ、そうそう得点などできません。

集中と注意ともうひとつ

セットプレーは集中と注意。ブラジル人だけでなく誰もがそう口にします。それは疑いようのない事実でしょう。

ただ、あまのじゃくな僕はここに疑問があります。ではなぜ、W杯などのレベルの高い大会の重要な局面でセットプレーが勝負を分けるのでしょうか。W杯のように、レベルの高い選手が人生を賭けて戦っているような局面で、集中や注意を欠くことがそんなにあるのでしょうか。

だから僕は、セットプレーは集中と注意だけではない、とも思っています。では、ほかに何が大切なのでしょうか。

僕はもう一つ、重要なファクターがあると思っています。それが「想像力」

---

(79) **ゴール前の空気感**
フワっとしてるかピリッとしてるか。気付いた瞬間に気付いた者が声を掛ける空気を作るのも日常。

関連 最後まで相手に負けない意識
↓考察3

です。

「創造力」ほどイメージを膨らませる必要はありません。「想像」するのです。相手の特徴を。相手の心理を。相手の体の向き[80]から、表情[81]から、あるいはそれまでの対戦やその試合のプレーから、想像する。


例えば、僕が攻める側だとします。

僕は大体、セットプレーにおいては要注意人物として指名手配されています。……いろんな意味で（笑）。きっと僕をマークする相手選手は、試合前のミーティングで何かしら指示を受けているでしょう。その対策は多くの場合、ゲームが始まってから最初のセットプレーで見ることができます。

そこでまず、相手選手が僕のことをどう抑えようとするかを把握します。把握する内容は大きく分けて2種類。密着してマークする選手、離れてマークする選手に分かれます。

それを把握したら僕は、その選手の身長や特徴と照らし合わせて、なぜその選手がそのマークの仕方をしたがるのかを「想像」します。

そして、相手選手が嫌がりそうなことを「想像」し、試してみます。1回目でうまくいくこともありますが、そんな簡単にゴールは生まれません。より大

関連 心理
↓考察1・11・16・20・23

⑧⓪ 体の向き
ボールか人か。守り方を変えるか変えないか。前のプレーを伏線に相手を出し抜くことを続けていく。

⑧① 表情
目線を操り、表情から伏線の利用の仕方を探る。若い選手は特に顔に心理が出やすい。

事なのはそのあとで、次のセットプレーでは、相手選手の対応の仕方や表情などを見て、また同じことをするか、あるいは1回目で狙ったことを逆手に取って相手の逆を取るかを考えます。ここでも常に「想像力」を働かせるのです。

相手選手の性格や傾向なども加味していきます。そうして「想像」し、「想像力」を働かせ続けさえすれば、常に伏線は書き換えることができます。守る側は必ず事前情報やそれまでの動き方を頭に入れて対応しようとするので、その裏をかくことができれば、集中や注意をもってしても完璧に抑えられることはないと思っています。

セットプレーにある心理戦

「岩政に来ると分かっているのに止められない」

よく相手選手にこう言っていただきました。僕には相手の一番守備が得意な選手がマークにつき、あらゆる手法[82]を使ってきました。それでも、僕がコンスタントにゴールを取り続けることができたのはセットプレーをフィジカルとメンタルの〝ガチンコ対決〟[83]と捉えていないことが大きいと思います。

大事なことは相手を出し抜く[84]こと。ゴール前の狭い空間の中では、ほんの少

---

[82] あらゆる手法 一対一なら全てを封じられる方法はないと言えますが、ダブルチームにはさすがに手を焼きました。

[83] ガチンコ対決 〝がち〟と見せて〝がち〟でなく、〝がち〟でないと見せて〝がち〟。これもどちらも持っておくこと。

し相手を出し抜くことができれば、ゴールの道筋を見つけることができるのです。

どうですか？　フィジカルやメンタルの戦いに見えるセットプレーが、少し心理戦のように見えてきませんか？

そう、「フィジカル＋メンタル」に、心理戦を加えた戦いこそがセットプレーの真実なのです。ここでは攻撃を中心に書いてきましたが、守備においても重要なことは同じです。常に相手を見て、「想像力」を働かせることが失点を防ぐことに繋がります。

その上で、得点が生まれるということに関して言えば、相手の「前」（ニアサイド）を取るということが非常に大切です。特に、プロの世界ではそうです。これについては論点5【技術と心構え】で考察します。

かいつまんで説明をすれば、プロのディフェンダーも、ゴールキーパーもレベルが高いため、ボールを相手ディフェンダーの後ろ（ファーサイド）で思い切り叩き、かつゴールキーパーの手の届かない範囲に飛ばすことはとても難しいものです。大体、相手の後ろで待っていては、ボールを触ることはできても、ゴールに繋がることはほとんどありません。

---

84 出し抜く
うまくマークされた次のプレーはチャンス。自信の裏に隙ができる。

関連 相手の前を取る
→考察9・15・25

反面、相手の前でボールを叩くことができれば、ボールに対して向かって行っているので、ボールを強く叩くことができ、かつ、ゴールキーパーが反応しづらいタイミングになることが多く、ゴールになる確率は高くなります。

プロに入ってそのことに気付いた僕は、どうすれば相手の前でボールに触われるのかを考えてきました。最近ではヘディングの技術もついてきて、相手の背後からのゴールも増えてきましたが、それでも基本的には相手の前に入ることが大事だと思っています。

セットプレーでゴールを決められるか否かは、結局、確率の話にいきつきます。

まずは相手の[85]マークをうまく外すこと。それを何回できるか。その内、何回相手の前にマークを外して入れるか。

マークを外していても、そこに毎回ボールが来てくれるわけではありません。それでも我慢強く、ボールが来ることを信じて何度も外し続けなくてはいけません。その総数を減らしてしまえばゴールの確率は減るからです。

そしてそこまでできたとしてもシュートの決定率は2割か、良くて3割くらいでしょう。つまり、一つのゴールが生まれるまで、何度も何度も「想像力」

関連 **ヘディングの技術**
→考察22

[85] **マークをうまく外す**
相手の重心を動かし、その逆を取る。スペースがなくても重心さえ操ることができれば、マークは外せる。

を働かせながらマークを外し続けなければいけないのです。

逆に言えば、マークを外して相手の前でシュートを打つことができてさえいれば、ゴールが決まらなくてもあまり気にすることはありません。その回数を増やすことで、ゴールは自然に生まれるからです。


僕の小さな自慢ですが、プロに入り、公式戦で60点以上のゴールを重ねてきました。センターバックとしては少なくないでしょう。そしてゴールを毎年のようにコンスタントに生み出すことができました。

セットプレーは間違いなく、僕をプロの世界で生き長らえさせてくれた重要な要素の一つだったでしょう。その秘訣に、フィジカルだけではなく「想像力」があったことは疑いようがありません。

考察 13

判断に必要なものとは何か。——選択肢である

判断をするとはどういうことか

ファジアーノ岡山の長澤（徹）監督は、練習のときよく「ジャッジすること」を選手に要求していました。相手選手や味方選手、流れなどを見極めた上で、どのようなプレーをするか、「判断をしてプレーしろ」ということです。最初から決めつけて「こうしろ！」[86]とは決して言いませんでした。

監督の影響でしょうか。全ては「何をするか」ではなく「判断をしているか」が鍵を握っているのではないか、と思うようになりました。

「判断をする」ためには何が必要でしょうか。

「判断をする」とはどういうことでしょうか。

ここでは「判断をする」ことに関する考察から、サッカーにおけるバランスの話をしてみたいと思います。

キーワード・関連記事

(86)「こうしろ！」
プレーを選択する判断を奪ったら判断力は伸びない。サッカーがうまくなるとは判断が良くなること。

関連 バランス
↓考察14・19・26・29

僕はサッカー選手には珍しく数学の教員免許を持っているためか、テレビや雑誌などで幾度となく、「岩政先生」なるコーナーを持たせてもらっています。ある収録でのこと。質問に答えるとき、いつも自分の頭に出てくる回答が、「判断をする」ということでした。

例えば、「新しい職場に馴染むためにはどうしたらいいですか？」とか「若手にどのように接したらいいですか？」という質問がありました。僕の回答は、「馴染むために、自分で変えるべき部分と変えずにいるべき部分を見極めて判断すること」であり、「その若手に厳しく接するべきか、今は少し責任を渡して我慢するべきかをタイミングや相手の気持ちに立って判断すること」でした。決して「何かをしたらいい」という絶対的な答え[87]は見つかりません。

質問を寄せていただいた方は、何か一つの明確な答え[87]を期待しているのではないか、それに応えなくては……という思いがよぎりながらも、結局は「判断をすること」こそが全ての鍵なのだという自分なりの答えに行き着きます。

それには理由があります。

もともと僕は、右を見たら右。[88]左を見たら左。その反対を見ることは迷いや弱さに繋がると考えるタイプでした。何か一つを極めるなら、ほかのものは見

(87) 絶対的な答え／明確な答え
人はみんな違う。と分かっているはずなのに、絶対的なものを探してしまう。それもバランスということに行き着く。

(88) 右を見たら右
頑固一徹。もっと柔軟に捉えられていたら、もう少しテクニックのある選手になっていたかな。

向きもせず、それを突き詰めていれば強くなれると考えていました。

一つの選択肢に邁進すると〝突き抜けない〟

しかし、いつからか、それでは突き抜けていけないのではないかと感じるようになりました。それまでは（きっと）反対を知ることで「中途半端」になるのを恐れていたのだと思います。しかし、海外に行った日本人が、海外との対比で日本の素晴らしさを語るように、反対を知らなければ、結局は知っていると思っていることも本当の意味で理解できていないのだと気付いたのです。

だから今は、右か左かをどちらか一つに決めてかかるのではなく、いろんな角度で決められる自分を作っておき、そのときに「判断」できる状態でいようと考えています。

サッカーにおいても同じようなことが言えます。サッカーでも、右か左、どちらかに針が振り切れていることは分かりやすいので話題にされがちです。「攻撃的↕守備的」、「ラインが高い↕低い」、「ゾーンマーク[89]↕マンマーク」、「プレス↕リトリート[90]」……。挙げればきりがありませんが、どれもどちらかに特化しているほうがなんとなく注目されます。

関連｜突き抜けていけない
↓考察34

(89) ゾーンマーク
本来、ゾーンマークとはゾーンをマークすることではない。自分のゾーンに入ってきた〝相手〟をマークすること。

(90) プレス↕リトリート
僕はプレススタイルが好きだ。みんなで動いている気がするから。一方で、リトリートのリズムも好きだ。センターバックとしての責任をより強く感じるから。

しかし、僕は「どちらを選んだほうがいい」という答えは、どちらにもないと思います。大事なことは、そのどちらも頭に持ち合わせておくことであり、バランスだと思います。

こう言うと、勘違いされてしまうことがあります。「攻撃的で何が悪い」、「守備的でいいじゃないか」、「ラインは高いほうがいいだろう」などと。

僕が言っているのはそれらの否定ではありません。どちらかに振り切れること自体は、むしろすごいことだと思っています。

ただ僕は、その戦い方を選んだときに「判断」があるかどうかが大事だと思うのです。つまり、高いライン設定やプレスをかける戦いを、そうではない戦い方を理解した上で、自分たちで「判断」して戦っているのと、その戦い方しか知らずに、ただその戦いをしているのとでは、同じ戦いをしていたとしても大きな違いがあるということです。

そんなことを考えながら、自分のキャリアを振り返っていると、南アフリカW杯のことが思い出されました。もう7年も前のことになりましたが、岡田（武史）監督に率いられた日本代表が、戦前の予想を覆し、W杯ベスト8にあと一歩まで迫ったあの戦いです。この大会、試合には1試合も出ていませんが、僕も日本代表の一員として参加させていただいていました。

関連　ラインが高い↕低い
↓考察2・4・18

関連　キャリア
↓考察10・22・28・31

大会直前まで岡田監督は、攻撃的なチーム[91]を作り、世界に挑もうとしていました。しかし、W杯が近づいてもなかなか思うような戦いをできずにいたチームに、岡田監督はスターティングメンバーやキャプテンの交代、システムの変更などを施し、W杯に挑みました。報道などでは、「岡田監督は守備的に舵を切った」と報じられていますが、僕の記憶では、岡田監督が「守備的な戦いに変える」と選手に伝えたことは一度もありませんでした。

僕は、岡田監督が、それまでは攻撃的に針を振れさせていたチームを、どこまで守備的な方向に戻させるかを考えていたように思いました。そこで、「守備的」というフレーズを使うことなく、チーム内にいくつかの変化[92]を起こすことで、チームのバランスをそのときのチームにとってちょうどいいところに持っていけるように図ったように見えました。

つまり、大会前の攻撃的なチームを作っているときから、岡田監督の頭には、違う戦い方を選ぶ選択肢[93]があったということになります。

その中で、〝あえて〟その戦い方を選んでいた。だからこそ、W杯に至るまでの間にどのくらいチームのバランスを揺り動かすべきかも判断することができた、ということだと思います。

㉑ 攻撃的なチーム
迷ったときに自分のポジションから飛び出していくことを選べば攻撃的になる。

㉒ いくつかの変化
キャプテン、システム、メンバー、一気の変化は正直驚きだった。初戦のカメルーン戦に勝つまでは選手も半信半疑だったと思う。

㉓ 選択肢
幅。懐。バランス。「より良くなる」って「選択肢が増える」ということだと思う。

判断が伴えば「間違いではない」

「判断」には2つ以上、複数の選択肢が必要です。一つしか持ち合わせていないなら、それは判断とは言えません。そして、サッカーにおいては、「判断」を持って選択されたプレーなら、どんなプレーも〝間違い〟にはなりません。

例えば、クリアするプレーにしても、クリアするときにパスを繋ぐ選択肢も持っていた状態で、〝あえて〟クリアしたなら問題はありません。

例えば、右にいる、相手選手にマークされている味方選手にパスを出すときに、左のフリーの選手も見えていて〝あえて〟そこを選択したなら、ベストな選択ではなかったとしても決して間違いではありません。

大事なことは、複数の選択肢を用意し、そのどれを選択しても自分のプレーができるようにしておくこと。つまり、選手としてプレーの幅を持つということだと思います。

そして、その幅を右にも左にも大きくする努力をしておいて、状況に応じて「判断」し、その幅の中を自由に行き来すればいいのだと思います。それが、僕が陥ることを恐れていた「中途半端」と「バランス」の違いなのだと思います。

関連 **幅の中**
↓考察14・29

考察
14

例えば、攻撃がうまくいかないときに改善する方法

両立とは一方がダメになったときの保険?

こうして考えていくと、サッカー選手として何が大事なのか見えてきます。数学の教員免許を持つ僕ですがこの歳になって数学を勉強し直す気力はなく、数学の教員になることはないと思います。しかし、数学的な考え方はサッカーに生かされています。

数学を学ぶと論理的な思考力(94)が養われると言われています。数学とはそもそも論理を数式で表したものですから、取り組むことで論理的に考える素養が身につくことは自明でしょう。鹿島アントラーズ時代、少しでも話し込むと、チームメイト(特にゴールデンエイジ(95)の面々!)に「話が長い!」(「理屈っぽい!」と同意)とよく突っ込まれましたが、そうした私であることは自覚しています。

さて、ここで深めたいのは「両立」についてです。両立とは、一方がダメに

キーワード・関連記事

(94) **論理的な思考**
「こうなったらこうなる」。現象からいかに掘り下げて原因を突き止めるか。証明問題のように。

(95) **ゴールデンエイジ**
僕の2つ上。小笠原満男。本山雅志。中田浩二。新井場徹。曽ヶ端準。大先輩であり、戦友であり、僕が最後まで勝てなかったライバル。

なったときのための保険の意味合いで受け取られることが多いですが、僕の感覚では別個のものではなく、同じ「自分」という括りの中で繋がっています。つまり、僕にとってサッカーをすることは勉強に、勉強をすることはサッカーに、それぞれが生かされて一緒に大きくなっていくものなのです。

僕はもともと、サッカー選手を目指してはいませんでした。というよりも、「サッカー選手になれるかもしれない」という可能性を1ミリも感じることなく育ちました。ですから、教師をしていた両親の背中を見て、自然と教師になろうと思うようになり、勉強も、決してガリ勉ではありませんでしたが、しっかりと取り組みました。

サッカーにいい加減だったわけではありません。僕は根っからの負けず嫌い(96)だったので、どんなに自分に才能がないことを知っても「試合に勝ちたい」「もっとうまくなりたい」と必死でした。

勉強は「好き」というわけではありませんでした。「やらなければいけないこと」という、誰とも変わらない感覚だったと思います。「やらなければいけないこと」だから、大好きなサッカーを思う存分やるために、どうすれば効率良く勉強をすませられるか、いつも工夫していました。

休み時間や自習時間、学校の行き帰りの時間などを利用して最低限のことだ

関連 サッカー選手を目指していませんでした
→考察27・28・31・33

(96) 負けず嫌い
兄に勝てずに泣き、試合に負けて泣き、うまくできない自分に泣いていた。負けたくなかった。勝ちたかった。

けこなしました。丸暗記が嫌いだったので、覚えなくていいものと覚えなくてはいけないものを区別し、できるだけ要領良く勉強できるようにする……。

今になって思うのですが、両立とは「好きなことを思い切りやる」と「やらなければいけないことをしっかりとやる」ということなのだと思います。そのどちらも一生懸命に取り組む習慣をつけられたことは、両立を目指して過ごした思春期の一番の財産だなと思っています。

相反するように見えるものが処方箋になる

事実、数学（やらなければいけない）とサッカー（好きなこと）はそれぞれに良い作用をもたらしてくれました。論理的な考え方をすることはサッカーを考え、語る上での、僕の一つの武器となりました。サッカーに取り組む姿勢は、数学の難問に向き合ったときの我慢強さに繋がりました。

今でもそうです。僕は今年（２０１７年）からサッカー選手だけでなく、コーチや解説、執筆活動なども行っています。サッカーを通して確立してきた自分の生き方で新しい仕事に向かい、新しい仕事を通して得られた新たな発見をサッカーに生かしています。

関連 武器
↓考察9・12・22・27・29

関連 自分の生き方
↓考察32・33

関連 新しい仕事
↓考察32・33・35

この相互の作用の中で、サッカーへ還元できる学びがありました。それは、「相反するように見えるものが処方箋になる」ということです。

例えば、試合において攻撃がうまくいっていないときに、それを改善する薬は、攻撃を直すことではなく、守備を直すことです。チームの攻撃がうまくいかない時期には、「攻撃をどうしたらいいか」と悩みがちですが、実はあまり深く考えずに守備からやり直し、いい形でボールを取れるようにすれば、すぐさま攻撃がうまく回り出したりします。

メンタルとフィジカルも同様です。試合が始まって「なんとなく気持ちが乗らないな」という日も当然あります。そんなときになんとか気持ちを奮い立たそうと、メンタルの問題をメンタルで解決しようとしても無理があります。

そんなとき僕はフィジカルからアプローチするようにしています。つまり、メンタルは一旦横に置いておいて、いい状態の体の動かし方に意識を集中し、やるべきプレーやいるべき立ち位置に集中するのです。すると自然に気持ちは高まってきます。逆も同様で、「体が重いな」という日には、メンタルのほうで自分を盛り上げていき、あとからフィジカルが追い付いてくる、という感覚で、自分への処方箋として考えるようにしています。

実はこうしたことはサッカーにはたくさんあり、僕はいつも自分が考えている問題点を違う視点から考え直す、という作業を意識してやっています。

攻撃と守備も、メンタルとフィジカルも、はたまた勉強とサッカーも、本来は「両立させる」という概念が間違いなのかもしれません。2つは違うところに並び立っているように見えるものですが、実はそれらは繋がっていて、混ざり合っているものなのです。

ですから、「攻撃がダメだったら守備で」、「メンタルがダメだったらフィジカルで」、「サッカーがダメだったら勉強で」ではなく、「攻撃のために守備を」、「メンタルのためにフィジカルを」、「サッカーのために勉強を」という感覚が適切なのでしょう。

山口県の瀬戸内海に浮かぶ島で育った日々のことをよく思い出します。あの頃の自分はサッカー選手になる夢は描けず、将来の明確な未来像のために何かを頑張っていたわけではありませんでした。

僕にあったのは「今を生きる」ことだったと思っています。好きなことも嫌いなことも、一生懸命に取り組んだことだけが今に繋がっています。

だから今、僕はもう一度、将来の自分は決めずに、一生懸命に今を生きることを自分に課すことだけ決めています。「好きなことを思い切りやること」と「やらなければいけないことをしっかりとやること」を両立させながら。

関連 違う視点から考え直す
→考察10・11・27

関連 夢は描けず
→考察17・22・27・28・33

関連 今を生きる
→考察32

考察
15

「奇跡」。情熱と冷静の間に生まれているものとは

バルセロナの奇跡

判断と想像力について、最後にある試合を取り上げてみたいと思います。

サッカーファンの方なら誰もが興奮されたでしょう。バルセロナがやってのけた歴史的な試合。ヨーロッパチャンピオンズリーグの決勝トーナメント1回戦パリSG戦で、第1戦の0対4というビハインドを第2戦の6対1というスコアでひっくり返しました。とりわけラスト数分から3つのゴールが生まれるという展開は奇跡と呼ぶしかないものでした。

僕は結果を知ってから試合を見ました。結果を知ってから見てもこみ上げるものがありました。

「これだからサッカーは……」

そんな言葉が口をつきました。

キーワード・関連記事

諦めない大切さを誰もが教えられたと思います。サッカーには、この世には、奇跡というものが存在する。それを僕たちは目撃しました。

加えて、最後の数分間のドラマにはヒントがありました。奇跡の居場所を生み出すヒントです。

僕の体験と照らし合わせながら奇跡が生まれるときの法則を考えてみました。

ロスタイム[97]を加えても、長くて7〜8分しか残されていない状況で、バルセロナが勝ち抜くにはあと3点が必要でした。

ここでまず僕が思ったのは、「奇跡に予兆はない」ということでした。むしろ、予兆がないほうが奇跡は起こりやすい気がします。

この試合もその最後の時間に辿り着く頃には、もう試合の大勢は決まったようなムードでした。なんとなく奇跡が起こりそうな雰囲気の中でその時間に突入したのではなく、むしろその逆で、結果を知っていた僕も「結果を見間違えたかな」と何度も自分の目を疑うほど奇跡の予兆を感じませんでした。

しかし、よくよく考えてみれば、僕が体験した、「奇跡的」と言いたくなるような試合も、予兆を全く感じないときにそれは起こっていました。

---

[97] **ロスタイム**
カシマスタジアムでロスタイムにセットプレーを得ると、「イワマサコール」が起こるようになってうれしかったです。

キャリアの中にあった「奇跡的」な2試合

僕がキャリアの中で「奇跡的」と思える試合は2つあり、一つは鹿島アントラーズで連覇を達成した2008年のホーム最終戦で、ロスタイムに僕が決勝ゴールを決めて優勝をぐっと引き寄せることになった試合。もう一つは、昨年（2016年）のJ1昇格プレーオフ準決勝の松本山雅FCとの一戦で、ロスタイムに赤嶺（真吾）選手が決勝ゴールを決めて、決勝に勝ち上がることができた試合です。

この2試合の2つのゴールのときも、奇跡の予兆、ゴールの匂いみたいなものは全く感じませんでした。むしろゴールが生まれたのは、ピッチ内のムードでさえ少し厳しそうに感じた頃でした。

バルセロナの奇跡と並べるとちっぽけな僕の体験ですが、今回の試合を見ながら、僕は自分のそのときの心境と重なるものを感じました。

そしてラストの数分間の中に、ある共通点を見つけました。

はじめは試合を見ながら、いくつかのシーンで単純に「え？」と感じただけでした。ゴールシーンしか見ていない方はぜひ4対1と勝ち上がりまであと2

関連 2008年のホーム最終戦
→考察6・32

関連 J1昇格プレーオフ準決勝
→考察2・7

点に迫ってからの数分間を流して見てみてほしいと思います。僕はバルセロナの選手たちの冷静な判断に「次はこうプレーするだろう」という読みを外され続けたのですが、皆さんはどうでしょうか。

普通は、⑱ラスト数分になるとある程度はっきりとしたプレーを選択します。分かりやすい判断のもとでシンプルにプレーします。

ましてや、あのような押せ押せムードになれば事故も起こりやすくなっているので、雑な判断を選択しがちになります。

その目線で次のプレーを読みながら見ていたから、僕は驚かされたのです。最後のネイマールのパスの選択は最たる例ですが、ほかにも、その数プレー前のテアシュテーゲンのサイドへのパスも、普通であれば裏へ簡単に流し込むタイミングと時間帯でした。しかし彼は、それを相手選手がケアしているのを見て瞬時に判断を変え、味方の足元へのパスに選択を冷静に変えています。

「うまい」というよりも「冷静だな」という印象を持ちました。

そこで思い出したのです。鹿島での決勝ゴールのときも、ファジアーノでの決勝ゴールのときもそうだったなと。奇跡が起きるときは「情熱」の中に「冷静」が同居しているときなのです。

関連 読みを外され
↓考察3

⑱ **ラスト数分**
カシマスタジアムのラスト数分はフィーバーの時間。全てが可能に思えました。

関連 事故
↓考察1・2・21・23・31

冷静と情熱の間に……

2008年の僕の決勝ゴールは、コーナー付近からのフリーキックから生まれました。キッカーは増田（誓志）選手でした。彼はボールを置くと、なんとなく相手の準備が整っていないのを察知して、本来は一呼吸置いてタイミングを揃えてから蹴る場面で、ワンテンポ早めにボールを蹴りました。

僕は僕で、はじめは疲れていたので味方選手のサポートに回ろうと思いながらゴール前に入ったのですが、それがうまくいかない雰囲気を感じて瞬時に判断を変え、ニアサイドに走り込んでいきました。

もっと巻き戻せば、そのフリーキックは、マルキーニョス選手が冷静な判断で相手のファウルを誘って得たものでした。

昨年のファジアーノの決勝ゴールも、ゴールを生んだのは矢島（慎也）選手が冷静な判断でパスを選択し、豊川（雄太）選手と赤嶺選手が相手の隙を突いたことから生まれました。このゴールももう少し巻き戻すと、矢島選手に繋いだ澤口（雅彦）選手のパスも、そこに繋いだ中林（洋次）選手のプレーも、僕がバルセロナのプレーに肩透かしを食らったように、「え？」と思わせるよう

関連 ニアサイド
↓考察9・12・25

な冷静な判断によるものでした。

これらを繋ぐと大事なことが見えてきます。

奇跡に予兆はありません。

そして、奇跡は冷静と情熱の間にあります(何かの映画タイトルのようですが)。

そこにエアポケットのような時間が生まれ、奇跡を引き起こすのでしょう。

奇跡の居場所を突き止めることなどできません。突き止められるなら奇跡とは言いません。ただ、そこにある共通点を考えることはできます。そして、それは答えではないですが、きっと間違いでもないのだと思います。

奇跡と呼べる試合を創り出したい。

そんなことを考えた世紀の大逆転劇でした。

関連　エアポケットのような時間
↓考察2

PITCH LEVEL

ピッチへの論点 4
戦略と対応

「サッカーの試合には2つの局面があります。
90分をマネージメントする、流れを相手と取り合う局面と、
得点が入るか入らないかという、勝負を決める局面です」

考察
16

ピッチ上の1シーンだけでサッカーを見るということ

外からの視点で見落としがちな内面性

サッカーの試合を振り返るときには、ゴールのシーンが真っ先に思い浮かびます。サッカーにおける1点の重みはどんなときも大きく、ゴールはまさにその試合を決定づけるハイライトと言えるでしょう。

一方で、僕たちは(99)90分間の試合をしています。得点の確率を1%でも上げ、失点の確率を1%でも下げるために、90分間戦っています。その確率は、試合に相手が存在する限り、決して0%になることはありません。ゴールとは、90分間のあらゆる努力の結果に過ぎず、ゴールが生まれたシーンだけで、「あれが良かった」、「これが悪かった」と振り返っていては、その試合を正確に捉えることができません。

特に、外からサッカーの試合を見ていると、（実際、僕もそうなってしまうの

キーワード・関連記事

(99) **90分間の試合**
「90分をマネジメントする」こと。「90分をデザインする」とも言う。自分たちの持つ色で、自分たちのやり方で90分を作る。彩る。

関連 **相手が存在する**
↓考察4・8・11・12

ですが）つい戦術⑩やシステム⑪、または個々のプレーなどにばかりに目が行き、「人がプレーしている」という当たり前のことを忘れ、人の内面の部分を置いてきぼりにしてしまいます。しかし、サッカーゲームではない僕たちの試合には、戦術や理論だけではない、感情や心理というものが含まれています。

昨シーズン（2016シーズン）、僕の中で会心の試合がありました。3月に行われたJ2リーグ第2節、ジェフユナイテッド市原・千葉戦。ジェフは、シーズン前に大量に選手を入れ替え、継続でチームを作っている僕たちファジアーノ岡山とは、別のアプローチで新しいシーズンを迎えていました。まだ2節だったので即席のようなチームかと思いきや、開幕前のプレシーズンマッチで鹿島アントラーズを降すなど、その試合まで練習試合を含め無敗をキープしていました。

試合前、僕はロッカールーム⑫でいつものようにその日起こることを想像していました。僕のいつものルーティン⑬です。

ジェフは相当な自信を持って乗り込んでくる。勝つことでまとまりも生まれているだろう。

僕たちも前年からの積み重ねに自信があり、充分対抗できる戦力を有していましたが、開幕戦で引き分けていたので、勢いという面では少し分が悪いと思

---

⑩ **戦術**
戦術とはみんなが同じ絵を描きやすくするもの。戦術で試合に勝つわけではない。

⑪ **システム**
選手たちに「判断しやすい立ち位置」を与えるのがシステム。"プレーする"ことは本質的には同じ。だが、役割は変わる。

⑫ **ロッカールーム**
ピッチとともに、ロッカールームにはたくさんの思い出が詰まっている。たくさんの感情がそこでぶつかった。

⑬ **ルーティン**
僕は決まったゲン担ぎはしない。ただ、なんとなくの直観を大事にすることがルーティン。

っていました。

そこで、一つの想定として、もし前半の半ばを過ぎたあたりで相手がボールを保持する時間が長くなるようなら、少し相手を受ける時間を作ろうと考えました。そして、もし持ちこたえることができるとふんだ場合には、それをあえて、ハーフタイムまでは修正せずに後半を迎えようと思いました。

相手に「このままいける」と思わせたい

ここには、ジェフの選手の心理面を利用してみようという企みがありました。負けたことのないチームは負けることをあまり想像できません。ましてや、新加入選手の多いチーム状況では、勢いのまま押し切ろうと考えるのが普通です。ハーフタイムに入る前に流れを引き戻して相手に警戒させて前半を終えるのではなく、相手がハーフタイムに「このままいけるぞ」と声を掛け合うような雰囲気で後半を迎えさせることで、相手に隙が生まれるのではないかと考えていました。

試合にはいつも通り、フラットに入りました。僕はいつも、どう相手に対応していくかの最終的な判断を試合に入ってから考えるようにしています。でき

関連 相手を受ける時間
↓考察4・8

関連 心理面
↓考察1・11・12・20・23

関連 隙が生まれる
↓考察1・2・7・15

るだけ先入観なく、相手の狙いやその日の調子、味方の意見や表情なども含めて、10分から15分くらいで最初の見極めをします。

　もちろんデータやその日の想定を頭に入れてはいますが、それも最終的な判断を下すときの材料を持っておくためで、ピッチで起こることをできるだけ正確に〝感じる〟ために、何かを決めつけて見ることのないように気を付けています。

　その試合、最初の感触としては、やはり僕たちは充分対抗できると感じました。そして予想通り、相手には自信と勢いがあり、前半の半ばを過ぎると、少し相手にボールを持たれる場面が増えてきました。

　そこで、僕は試合前にあらかじめ想定していた戦い方を選択しました。

　ハーフタイムを迎えるまでの時間、相手にはビッグチャンスもありました。一つの賭けではありましたが、なんとなくジェフの選手たちに「このままでいけそうだ」と思っているような雰囲気を感じた僕は、このまま前半を乗り切ればこっちのものだと思っていました。

　相手に隙が生まれたかは分かりませんが、結果はそのプラン通り、後半の一気の2ゴールでジェフに黒星をつけることができました。ジェフの選手たちは、自信を持って後半に挑んできた分、僕たちの先取点に必要以上に動揺したよう

関連 表情
↓考察12

に見えました。

戦術に劣らず重要な「内面」

ここで言いたいのは自慢ではありません。毎試合、同じようなことを考え、挑んでいますが、勝つときもあれば負けるときもあります。その試合もたまたま僕たちが勝ったに過ぎません。ただ、サッカーというスポーツがいかに人の心理の部分に大きく左右されるか、そして90分の戦いがいかにゴールのシーンだけで語れないかを知ってほしいと思います。

また、ジェフの選手に落ち度があったという話でもありません。連勝を重ねているチームや調子のいいチームは大体同じような傾向にあり、戦い方を変えたりするよりもそのままの勢いで90分間挑むことがほとんどです。だから、いつも対策という面では、⑩調子の悪いチームよりも、⑩調子のいいチームとの対戦のほうが意外と想定しやすいものです。

この試合をビデオで見返してみると、ただ単に、「前半はジェフのペース。そこで点を取れなかったことでファジアーノが後半にリズムを掴んで、一気に2ゴールで勝利」と見えてしまいます。ゴールで試合を語れば、それが勝負の

---

⑩ **調子の悪いチーム／調子のいいチーム**
「いい」「悪い」の中身が重要。試合前は、相手が置かれた状況から内部を想像して、その中身を考えてみる。

分かれ目（その試合の大方の見方）と言われるでしょう。

しかし、ジェフにボールをあえて握らせた、と考えると別の見え方が見えてきます。

つまり、ボールを保持しているかどうか、ラインが高く設定されているかどうか、押し込んでいるほうはどちらか、という外からの視点だけではなく、その試合までのチームの調子や心理、そして90分という時間の中での(105)ゲームプランニングといった、(106)内側の視点まで想像してみると、同じ試合を見ても違う景色が見えてくるのです。

この試合、ジェフは終始、勢いに乗っていたはずです。「それまでの試合のように勝てる」と思っていたでしょう。それに対し、僕たちはあえて、向かっていくのではなく、受けた。押し返そうとするのではなく、前半はラインを下げたまま相手の侵入を許したのです。そして、受けたままだと思わせた上で、後半に攻勢へと転じました。修正する間のない後半まで相手に勢いをキープさせることで、(107)勝機を見出したわけです。試合前の想像がきれいにはまった稀有な例で、その意味で、会心の試合と表現したのです。

サッカーの魅力にゴールが真っ先に挙げられるのは間違いありません。あのゴール前の緊迫した空気、ゴールが決まったときの熱狂、興奮はサッカーの醍

関連 **ボールを保持しているかどうか**
→考察4・8

関連 **ラインが高く設定されているかどうか**
→考察2・18

関連 **押し込んでいる**
→考察5・19

(105) **ゲームプランニング**
選手、監督の試合後のコメントには、その裏にゲームプランの作り方や考え方が隠れている。

(106) **内側の視点**
ピッチレベルに視点を落として、そこから見える景色や心理をぜひ想像して見てください。

(107) **勝機を見出し**
まず最初の見極めは開始15分。そこで試合の1つ目の変化が起こる。

醐味です。

しかし、僕たち選手はあくまで、90分の戦いをしています。一つの試合をゴールだけで語ることはできません。

90分の中には、戦術的にも技術的にも、そして心理的にもさまざまな駆け引きが存在します。それも全て、90分の中で相手よりも多くのゴールを取るためではありますが、そうした「ゴールの確率を少しでも上げる90分を通した戦い」にも、サッカーのおもしろさが詰まっていると思います。

関連 駆け引き
↓考察17・21・25

考察
17

日本サッカーには「ゴール前」の視点が抜け落ちている

日本サッカーの「真ん中のエリア」中心主義

サッカーの試合を見るとき、皆さんはどこに目を向けるでしょうか。

サッカーにおいて勝負を決するのはゴールの数です。いくらいい試合をしても、いくらチャンスを作り出しても、「優勢勝ち」はありません。90分を通したさまざまな駆け引きも、相手より多くのゴールを取るためで、その目的を外していては試合に勝つことはできません。

その意味で、勝負を決めるのはゴール前です。どれだけ相手にいいようにやられようと、最後の局面でゴールを許さなければ負けることはありません。

僕たち選手はピッチを3分割（相手ゴール前のエリア、真ん中のエリア、自陣ゴール前のエリア）して、今、自分がどのエリアに位置しているのかを意識し、それぞれのエリアで判断を変えることを求められます。

キーワード・関連記事

関連 ゴールの数
→考察9

関連 判断
→考察11〜15

例えば、真ん中のエリアにおける守備の目的は「ボールを奪うこと」(108)ですが、自陣ゴール前では「ゴールを守ること」(109)になります。的確な判断を下すためには、エリアによって頭の中のチャンネルを切り替える必要があり、同じサッカーでも求められることは同じではありません。

今回はその3分割された両サイドである「ゴール前」(110)のお話です。サッカーは理論的に捉えようとすればするほど、中盤のゾーンの優位性について語られることが多い傾向にあります。プロセスを大事にする日本では、その傾向がより強い印象も受けます。しかし、一瞬や一歩を争うゴール前にも、フィジカル的な強さや気持ちの強さだけでは語れない、それぞれの選手のビジョンやこだわりがあるのです。

プロサッカー選手になった頃、とても不器用だった僕は、この世界で生き残っていくための特徴を探していました。みんなのようにたくさんのことはできません。いろんなことができるようになる努力をする一方で、それができるようになるまでの時間を稼がなくてはいけないと思っていました。

そのときに僕がまずこだわったのが、両ゴール前での強さでした。大別して左の2つです。

・守備においてペナルティーエリア内で相手フォワードに仕事をさせないこと

---

(108) **ボールを奪うこと**
中盤でボールを奪い、相手ゴールに迫る。守備をしながら攻撃の第一歩を行っている。

(109) **ゴールを守ること**
ゴールの位置は動かない。つまるところ、ゴールを守るためには、ボールが飛んできたときにゴール前にどんな陣形を築けているか、である。

(110) **両ゴール前**
『ペナルティエリア』は僕の仕事場でした」。あのセリフは、マイクをペナルティエリア内に置く演出をスタッフが考えたことから生まれました。スタッフがそう思ってくれていたことがうれしかったです。

関連 ビジョン
→考察3・19・31

関連 生き残っていくための特徴
→考察3・12・22

（自陣ゴール前での強さ）

・攻撃においてはセットプレーなどでゴールを挙げて攻撃に貢献すること（相手ゴール前での強さ）

僕はこの2つで自分の存在意義を示そうと考えていました。以来、35歳となるこの歳までサッカーを続けてこられたのは、この「ゴール前」へのこだわりによるところが大きいと思っています。

外国人選手は「ゴール前」で体をぶつけたがる

今に至るまでに、たくさんの素晴らしいフォワードの選手と対戦しました。そうした選手との〝一瞬をめぐるゴール前の戦い〟は、僕を大きくしてくれました。89分を完璧に抑えていても1回のプレーで立場は逆転します。優れたフォワードは常にその一瞬を逃すまいとしていました。

ワシントン選手（元浦和レッズ）をはじめとして、ケネディ選手（元名古屋グランパス）、ヨンセン選手（元清水エスパルス）といった大柄で経験豊富な外国人ストライカーとの対戦では、体の当て方を考えさせられました。鹿島アントラーズに入って試合に出始めた頃、大岩（剛）さん（現鹿島監督）に「外国人

関連 セットプレー
↓考察12・22・24

選手に体を当ててはいけない」とよく言われていました。

彼らは多くの日本人選手と違い、少し体を当てたくらいでは全くブレることがありません。そればかりか、それを利用してターンをしたり、キープをしたりするのが非常にうまいのです。つまり、体を密着させることは、彼らに僕の位置や意思を感じ取らせてしまい、逆にプレーしやすくさせてしまうのです。それから僕は、彼らにいろんな方法で何度も挑みながら顔色をうかがい、どのタイミングで体を当てるべきかを学んでいきました。

日本人では、同い年で、現役を続ける二人の偉大なストライカーとの対戦も思い出深いものがあります。佐藤（寿人）選手と前田（遼一）選手です。

10年にわたってマッチアップしてきた彼らの特徴もやはりゴール前での強さです。ただ、彼らの〝強さ〟は、外国人ストライカーのそれとは違います。

動き出しのタイミング、ポジショニング。よくサッカーの世界で「消える動き」と言われますが、ディフェンダーの目線の動きを分析した上で、論理的にマークを外すのです。まさに〝相手を知っている〟選手です。

佐藤選手はとてもすばしっこいので、大柄な僕は「苦手なタイプでしょ？」と聞かれたりしますが、僕の中で苦手というわけではありませんでした。なぜならばゴール前、動き出しのタイミング、ポジショニングというのは僕も同じ

関連 相手を知っている

↓考察11

ようにこだわってきた部分で、狙っていることは全てと言っていいほどバッティングするものだったからです。だから、彼らとの対戦はお互いがお互いを分かった上での、本当の一瞬を争うものでした。

分かっていても止められない動き

ここで重要なことは、狙いが分かっているからといって彼らを抑えられるわけではないということです。（外からだと分かりづらい）ピッチレベルにあるポイントといってもいいでしょう。

彼らが狙っているものは、[111]分かっていても止められないもの。だから、エースとして相手に注意されていても、長い期間にわたってゴールを取り続けてこられるのです（実際僕も、二人に何度も得点を許しました）。

実は、相手ゴール前での強さという意味では、僕の攻撃のセットプレーでの狙いも彼らとそのまま同じものです。僕は確かに身長が高くヘディングを得意としていますが、セットプレーでは相手も僕を警戒しています。その中で、ガチンコで競り合っていてもそれほどたくさんのゴールは生まれません。だから彼らと同じように、分かっていても止められない動き出しとタイミングを狙っ

---

[111] **分かっていても止められないもの**
人は360見渡すことはできない。盲点は必ずある。消える動きとは消えているわけでは当然なく、盲点を利用しているのだ。

ているのです。

そのため、僕のゴールシーンやシュートシーンを見ていただくと、相手と競り合いながら打つシュートよりも相手のマークを外して打つシュートのほうが多いはずです。相手と競り合いながらのゴールのほうが気持ちはいいものですが、いろんな試合のハイライト映像を見ると、ゴールシーンではフリーになってシュートを打つことができている場面のほうが多いものです。

プロに入ってそのことに気付いた僕は、いかにマークを外してボールに向かうかを、佐藤選手や前田選手も参考にしながら考えていきました。

「ゴール前」では、「真ん中のエリア」と違い、相手を完全にかわしたり、完全に押さえ込んだりする必要はなく、シュートを打つだけの時間と空間を作ればいいのです。そのほんの少しの時間と空間を作る(112)のは、決してフィジカルに頼らなければいけないわけではなく、相手が分かっていても止められない動きを想像することからも作れるということだと思います。

サッカーの試合には2つの局面があります。90分をマネージメントする、流れを相手と取り合う局面と、得点が入るか入らないかという、勝負を決める局面(113)です。どちらか一つを追っていても勝つことはできません。

---

(112) **時間と空間を作る**
チャンスはほんの一時のほんの少しのスペース。使うためには見逃さないパサーも必要。サッカーは一人ではできない。

(113) **勝負を決める局面**
勝負を決めるのは人である。最後のところは、やるかやられるか。

日本人には日本人らしいサッカーを。

さまざまなところで言われています。しかし体格のせいでしょうか、なぜかそこにゴール前の議論が抜け落ちているように感じることがよくあります。

体格が小さいから中盤で勝負すべきだというように、「崩した得点」にこだわっているかのように、あるいは「自分たちのサッカー」をしなければ価値がないとでもいうように。

確かにそれは間違いのないことですが、もう一つの、勝負を決める局面を抜きにサッカーを語ることはできません。

僕は、さまざまな選手との対戦の中で、外国人選手とは特徴の違う、日本人らしく緻密で辛抱強いストライカーを体感してきました。センターバックも、日本代表で僕にとって大きな壁だった中澤（佑二）選手や闘莉王選手をはじめとして、ゴール前の一瞬に妥協を許さない選手がいました。しかし、そうした⑭ゴール前にこだわる選手は、Jリーグにおいて減ってきたように思います。

広いサッカーコートの中で、ゴールが決まるか決まらないかを分けるのは、ゴール前のほんの数メートル、ときに数センチだったりします。細かいところにこだわる繊細さや緻密さも日本人らしさであると考えると、ゴール前にも日本人らしさで勝負できる部分があるように思います。

関連｜崩した得点
↓考察1

関連｜自分たちのサッカー
↓考察4・8

関連｜センターバック
↓考察24

⑭ゴール前にこだわる選手
価値が高い選手とはチームを勝たせられる選手。すなわち、勝負＝ゴール前にこだわる選手。

関連｜日本人らしさ
↓考察3・4・13・22

考察18

「ラインの高低」でチームの状態は測れるのか

ラインを低めにする戦い方

戦術の一つとしてよく言われ、外から見たものとピッチレベルでギャップがあるものに「ラインは高いほうがいい」が思い浮かびます。論点1【サッカーの言葉】で、一人歩きしがちなキーワードとして紹介しました。

そこでも書いた通り、サッカーの試合は、横からの映像で流されており、ラインの位置というのは見やすいものです。そして、ラインが低くなれば自陣ゴールに近いところでのプレーを強いられるわけで、その見方も間違いではないと思います。

ただ、ラインの高さというのは、チームの戦い方や前線の選手のプレッシャーのかけ具合とリンクして変えていくものであって、ラインの高さだけで、良いとか悪いとかそういうものではありません。ここでは、ピッチレベルの視点

キーワード・関連記事

関連 ラインは高いほうがいい
↓考察2

を踏まえ、外から試合を見たときにどういうポイントを見ればピッチレベルと同じように見ることができるか、守備面を中心に考えてみます。

「ラインの高さ」は確かに分かりやすい視点です。

ただし、ピッチレベルの視点に近づくには、ラインを高くすることが大事である理由をはっきりと理解しなければなりません。

「ラインが高い」状態というのは当然、自陣ゴール前に相手を近づけなくすることができます。同時に、高い位置で守備をしてボールを取ることができれば、そのまま相手ゴールに近い位置から攻撃を始めることができるので、ゴールを奪う確率も上げることができると言えます。

しかし前にも書いたように、ラインを高くすれば、サッカーがうまくいく、というような万能の薬ではありません。

ラインを高くするリスクというのも当然あり、守備のスタート位置を高くするということは、[115]裏を突かれるリスクは高まり、もし裏を突かれた場合にはより長い距離をみんなが戻らなくてはいけません。

つまり、ラインの高さとは、[116]展開のスタート位置に過ぎず、その後のチームの[117]プランとセットで考えなくてはいけません。目的は、ラインを高くすること

関連 自陣ゴール前
→考察11・12・17・24

(115) **裏を突かれるリスク**
ゴールの確率は、ゴール前にスペースがあるときに攻め込まれると高まる。一気に裏を突かれることは守備において最も注意すべきこと。

(116) **展開のスタート位置**
スタート位置が定まれば、展開を読みやすくなり判断がしやすくなる。

(117) **プランとセット**
何をするためにそこに立っているか。立ち位置に理由があればいい。

ではなく、全体をコンパクトにし、その後のチームの戦いをやりやすくすることです。

例えば、ヨーロッパの強豪、アトレチコマドリードはときにラインを思い切り低く構え、相手を待ち受けた上でゴール前を固め、ボールを奪ったら一気のカウンター(118)で得点を目指すスタイルで結果を残しています。

２０１５年のＪリーグチャンピオンのサンフレッチェ広島も守備のときはラインを低めに設定し、そこからのカウンターや後ろからの丁寧なビルドアップ(119)で攻撃を構築していました。

大事なことは、設定したラインの高さと、選手たちのゲームプランが一致しているかどうかにあるわけです。

僕が経験した一つの試合をご紹介します。昨年（２０１６年）、ファジアーノ岡山でプレーした、セレッソ大阪との一戦（プレーオフではなく、Ｊ２リーグ第15節の試合）です。

僕たちは積極的な姿勢で試合に入りました。前線の選手がプレスに行くことで、ラインを高く設定し、その勢いのままボールを奪って、早い時間で先制点を奪うこともできました。まさに設定したラインとボールを奪ってからの攻撃のプランが一致した立ち上がりとなりました。

---

(118) **カウンター**
僕はスピードはないが、カウンターに対する守備にはちょっと自信がある。カウンターのときはセオリーに則って判断する選手が多いから、セオリーで守備する僕に合うのだ。

(119) **ビルドアップ**
ビルドアップとフィードは能力が違う。例えば、僕は決してビルドアップが得意ではないが、フィードは苦手ではないと思っている。

その後、攻勢をかけてきたセレッソに対し、少しずつ相手にボールを回される時間帯が増えていきました。セレッソのような大きなクラブに、1試合通して圧倒できるとは思っていませんでしたから、それ自体は想定内でした。

問題は、(受ける時間に)低く設定したラインと選手全員のゲームプランとが揃わなかったことです。「我慢する時間」という共通理解はありました。ただ、ラインを低くして行う守備と、ボールを奪ってからの攻撃がリンクしていませんでした。結果、防戦一方の展開になり、逆転を許してしまいました。

ラインを低く構えると、構造的な問題以上に問題となるのが、選手のメンタルです。「守備に追われている」という感覚を持つと、ボールを奪ってからのプラン(120)が頭から抜け落ちてしまい、ボールを奪っても足が止まってしまいます。本当は、相手が攻めてきている分、攻撃するための広大なスペースが広がっているのに、そこに目(頭)がいかなくなってしまうのです。

その点で、鹿島アントラーズでともにプレーした3連覇当時のエース、マルキーニョス選手は実に秀逸でした。積極的に守備に参加しつつも、頭は常にクリアな状態で、ボールを奪ったあと、いつも攻撃に出てきた相手の背後を狙っていました。

サッカーは攻撃の時間と守備の時間が明確に分けられているわけではないの

---

(120) ボールを奪ってからのプラン
ボールを奪った瞬間に、ボールの位置から攻撃が始まる。頭と体を瞬時にアップデート。

で、守りながらもそうした姿勢を持つことがとても重要です。チーム全体として、ボールを奪ったあとのイメージが共有できれば、守備に追われることもそれほど苦しくはありません。

ラインの高さによって変わるのは、それぞれの役割や狙うポイントであって、それ以上である必要はありません。そうした感覚を持つことができる選手は、成熟した選手とも言えます。

重要なことは自分の後ろに相手を置く方法

ラインを高く設定することで一番大事な要素は、センターバックの足の速さ[121]ではありません。実際、僕が鹿島でプレーしていたときも、当時まだ若かった、足の速い伊野波（雅彦）選手と組んだときより、ベテランの大岩（剛）さんや中田（浩二）さんと組んだときのほうがラインは高く設定していました。

より大事なことは、相手を自分の後ろに置く方法論[122]を持っていることで、いつも相手を自分の前に置いておこうとすると自然にラインは低くなります。ディフェンダーが一人ひとり別々に動いているような守り方ではラインは下がるしかなく、ディフェンスライン全体で〝手を繋いでいるように〟、一つの生き

---

(121) **足の速さ**
正直に言います。僕に足の速さがあったらどこまでいけただろうかと考えたことがあります。

(122) **相手を自分の後ろに置く方法**
相手をずっと自分の前に置いて監視する必要はない。「後ろにおいてもいい」タイミングを知ること。

物として動くことが大切になります。

ラインの高さはよく指摘され、あたかも戦術のように語られますが、ピッチレベルでは結果として起こる現象に過ぎないのです。

ラインの高さ以外でチームの状態を計る指標を示すとすれば、ディフェンスラインとフォワードのラインの距離(123)でしょうか。つまり、チーム全体の距離感です。これも実際には、ラインの高さと同じように、ただ単にそこからプレッシング（守備）やパス（攻撃）をしやすくするためのものに過ぎませんが、味方同士の距離感(124)というのはサッカーにおいてとても大事なものです。間延びした状態(125)では、攻撃も守備もいくら頑張ろうとしても空回りしてしまいます。

つまり、ラインの高さというのは高くても低くてもそれだけで問題になることがあまりないのに対し、全体の距離感はそれだけで問題を引き起こしてしまいます（ただ、これも局面によっては、距離感を広めることでチームの強みを引き出そうとする場合もあるので注意が必要です）。

それを防ぐために行う、ラインの上げ下げや攻撃の選手の戻り(126)、パス交換で時間を作ることや上がる選手をカバーする動き。全体の距離感に注意しながら、そうした動きに注目すると、チーム内での選手の役割や意図、その選手の機能性が垣間見えてくるかもしれません。

---

(123) **ラインの距離**
ライン間の距離を広げてはいけない。よって先頭〈FW〉か後尾〈DF〉で調整するしかない。

(124) **味方同士の距離感**
いい試合をしたチームの選手は試合後必ず「今日はいい距離感でサッカーができた」と言う。

(125) **間延びした状態**
タテ〈FW〜DF〉だけでなく、ヨコの距離も大切に。間延びとはタテもヨコも。

(126) **攻撃の選手の戻り**
プレスと同等以上にプレスバックはチームを助ける。プレスバックできる選手はチームプレーヤー。

考察
19

守備における緻密さ。欠けているのは「個」の能力なのか

守備＝受け身は正しいのか

ここでは、論点をより「サッカー」に当て、ピッチレベルの具体的な対応、プレーについて解説してみたいと思います。僕はディフェンダーなので、守備でチームを勝たせる可能性を上げることが、第一の仕事と言えます。まずは、「守備」におけるサッカーの視点についてご紹介しましょう。

サッカーの試合は、自分たちがボールを保持しているのか、相手がボールを保持しているのかによって、攻撃と守備、大きく分けて2つの局面で捉えることができます。最近では、攻撃と守備が切り替わる局面の重要性が高まり、この攻守の切り替えの局面を加えて、3つの局面でサッカーを捉えるようになっていますが、それはここでは置いておきます。

キーワード・関連記事

攻撃と守備。一般的に、守備側は相手の攻撃を〝受ける〟ので、受け身と考えられます。確かに守備側は、最終的にボールを持つ相手チームによって動きを決めるので、受け身と言えます。しかし、サッカーにおける守備はもう少し主導的で、面白いものです。それは最後のシュートの局面まで続きます。

守備は「献身性」と「緻密さ」だと僕は思っています。

大前提は献身性です。どんなに理論を振りかざしても、全員の守備意識が薄れたら守備は成り立ちません。逆に言えば、献身性さえ保たれていれば、大きく崩れることはありません。

ただ、何事もバランスで、献身性だけをうたっていても守備組織は堅くなりません。守備について（あるいはサッカーについて）できるだけ緻密に考え、突き詰めていくことが大事です。

日本人は全体的に献身性という意味では充分なものがあります。しかし、守備における緻密さという意味ではどうでしょうか。サッカーの歴史の浅さからか、そのあたりはまだまだ成長の余地が残されているように感じます。

あるとき、代表、クラブと海外経験が豊富な内田（篤人）選手に、

「『日本は組織で守る。海外は〝個〟で守る』とよく言われるけど実際はどう

関連 **大きく崩れることはありません**
↓考察1・20

関連 **バランス**
↓考察13・14・26・29

関連 **日本人**
↓考察3・4・17・22

なの？」

と聞いたことがあります。彼は、

「僕はそう思っていませんよ。ボールを取りに行く意識や1対1の意識は強いですけど、戦術的に細かいところもありますしね」

と、教えてくれました。

つまり、(127)個の強さを求めてはいるものの、だからといって、そこに組織がないとは一概に言えないということだと思います。

海外でほとんどプレーをしたことのない僕がそうした疑念を抱くようになったのは、ヨーロッパの指導者の方との出会いに影響されています。

日本代表でお世話になったザッケローニ監督は戦術マニアでした。僕もそうした話が大好きだったので、時間を見つけては質問に行きました。すると、スイッチが入った監督は、時間を忘れたかのように顔を真っ赤にしながら話をしてくれました。

それが監督としてすごいとか、日本人よりサッカーを分かっているとかいう話ではありません。

僕が感銘を受けたのは、ディフェンダーが「どこに立つべきか」ということをはっきりと言葉にできることです。

---

(127) **個の強さ**
ボールを奪う、奪われない。どちらもチームではなく最後は人が奪い、人が奪われないのだ。

例えば、ザッケローニ監督は「センターバックは、味方ミッドフィルダーの選手の背中を見ていてはいけない」と言っていました。これはボールを持っている相手選手と自分を結んだ線上に、味方選手がいたら、それは悪いポジショニングだということです。ボールを持った相手選手から見て、全員が〝ずれた〟状態でいることでパスコースが見えないようにしろ、ということです。

ほかにも、バルセロナの育成組織でお仕事をされている方と何度かお話しさせていただいたことがあります。その方に僕の試合の映像を見ていただき、アドバイスを仰いだことがあるのですが、彼の指摘もとても的確で緻密なものでした。

「頭を越えたら2メートルポジションを下げろ」「シュートを打たれたらゴールにダッシュで戻れ」「相手がサイドから切り込んできたらここに立て」

それらは原則的なことですが、いちいち言葉にして伝えてくれるのです。突拍子もないようなものはほとんどなく、「あー、それ自然にやっていたことだな」ということばかりなのです。しかし、それを徹底することこそが守備を堅くするということで、ヨーロッパではそれが草の根のように、歴史とともに広く深く根ざしているように感じました。

関連 背中を見てはいけない ↓考察18

関連 バルセロナ ↓考察15

関連 歴史 ↓考察36

守備にビジョンはあるか

守備とは原則的なもので、ほとんどがセオリーに則って進められるものです。相手の攻撃が始まって、最後のシュートを打たれるまで、幾重にもフィルターを掛け、相手の(128)ゴールの確率を減らす努力をする。その具体的な方法はチームによっても味方選手の特徴によっても変わってきます。

大事なことはそこに守備のビジョンがあるか、ということです。この考察の冒頭に書いた「守備＝受け身」の観点で言えば、ビジョンがないとき守備は受け身となり、ビジョンがあればそれは自分たちの意図した方向に相手を誘導していることになります。

ピッチでプレーしている感触では、常に頭を回しながら、ビジョンを持って守備ができる選手は、日本にあまり増えてきていません。彼らの多くは、守備のセオリー、ビジョンの重要性を感覚的に認識していますが、刻一刻と状況が変わるピッチ内においてそれを体現できていないのです。

一つ、テレビでサッカーの試合や、ハイライト映像を見るときに僕が注目し

---

(128) ゴールの確率を減らす
守備とは相手のゴールの確率を0％にはできない。

関連 ビジョン
↓考察3・12・24・27

関連 常に頭を回しながら
↓考察2・10

ているポイントをご紹介します。

そのポイントは、試合が流れているときの横からの映像では見づらいのですが、シュートシーンの後で流れるゴール裏からの映像でよく分かります。

僕は守備の選手なので、シュートシーンも守備側の目線で見ます。だから、そうした映像では、大体、守備組織を崩されかけた（あるいは崩された）場面になります。しかし、ディフェンダーには最後の局面にもやるべきことがあります。

それは、ゴールキーパーと一緒に、シュートを打つ相手選手に対して「2対1」の意識を持つことです。特に、シュートを打つ相手に対して完全に寄せきれないような場面では、ゴールキーパーと繋がらなくてはいけません。⑫⑨最後のぎりぎりの局面になっても、キーパーとビジョンを共有するのです。

よく、ディフェンダーに当たってコースが変わって入ってしまったシーンや、ディフェンダーの股を抜けてシュートを決められてしまったシーンで「不運」という言葉を使われますが、僕の感覚では、それらのほとんどは不運などではなく、判断のミスだと思っています。

その目線を持ちながら、ゴール裏からの映像を見ると、日本の選手はまだまだ滑る必要のない場面でスライディングをしたり、消したコースがキーパーと

---

⑫⑨ **最後のぎりぎりの局面**
僕がコースを切り、ソガさん（曽ケ端）が止める。言わずに分かり合えた。止めたあと目線を合わせて頷き合う。あれ、好きだったな。

重なってしまって、二人とも対応できないコースにシュートを決められてしまうことが多いように感じます。

攻撃陣に対してよく「決定力」という言葉が使われますが、僕は守備の局面でも試合を決定づける力を高める必要があると思います。

いい攻撃にはいい守備があります。何気ないポジション修正や何気ないクリア、カバーに、その試合の流れを変えるビッグプレーが隠されています。

一人ひとりの判断に委ねられる部分も多い攻撃に比べて、チームのまとまりやコンセプトは、より決まりごとの多い守備にこそ、よく見えます。少し時間の止まる、リプレイ映像などで、守備の選手たちのビジョンを想像し、その後の選手たちの表情に注目して見ると、そのチームの〝色〟が見えてくるように思います。

関連 決定力
↓考察5

考察
20

ジャイアントキリングのなぜ。起こされる側の真理

格下の相手だから難しいということはない

今年（2017年）の天皇杯で、カテゴリーが低い、いわゆる〝格下〟のチームが〝格上〟のJリーグチームを倒す、ジャイアントキリングが何試合も起きました。格下チームの目線で見れば「見事」ですが、ジャイアントキリングをされてしまったJクラブとしては「不甲斐ない」と言われても仕方がないでしょう。

サッカーは点を奪うことが難しいので番狂わせが起きやすいスポーツと言えます。どんな試合も0対0から始まり、どんな相手にも、勝つことはいつも難しいものです。それでも僕は「格下の相手との試合〝だから〟難しい」と思ったことはありません。よく「相手は失うものがないから難しい」とか「格上の

キーワード・関連記事

関連 格下のチーム

→考察10

チームは勝って当たり前だから難しい」とか言われますが、僕はそう捉えていません。

格下との試合より格上との試合のほうが当然難しいですし、失うものがないチームのほうが隙を見つけるのは簡単です。現に、僕は鹿島アントラーズに所属した10年間でジャイアントキリングをされたことは一度もありません。国士舘大学とPK戦までもつれ込んだり、JFLのホンダFCに延長戦まで粘られたことはあったものの、負けたことはありませんでした。

「鹿島だから当然」と言われれば、その通りです。

サッカーは確かに得点することも勝つことも難しいのですが、「格下だから難しい」というわけではないのです。

では、なぜジャイアントキリングは起きるのでしょうか。どんなときにジャイアントキリングを起こさせてしまうのでしょうか。

格下と対戦するときに格上のチームが陥りがちな心境について考えてみると、その理由の一つが分かるのではないでしょうか。

サッカー選手はみんな「超」がつくほどの負けず嫌いです。天皇杯は、その日程面には改善の余地があると思いますが、それでも選手たちのモチベーショ

関連 当たり前 →考察10・34

関連 負けず嫌い →考察14・21

ないのです。

ンに影響はありません。サッカー選手として試合に一生懸命になれないはずが

「ミスが恥ずかしい」という心理

問題となるのはモチベーションではなく、戦い方への心の置きどころだと思います。簡単に言うと、攻撃面では「慎重になること」、守備面では「雑になること」です。

格下のチームとの対戦となると、プロ選手（格上の選手）にはいつも以上に、ミスをすることを嫌う心理[130]が働きます。ミスはいつも怖いものですが、格下との試合では怖いという心理よりも、「ミスが恥ずかしい」という心理が少しだけプラスされます。

「格下の相手」と、監督も選手もサポーターも観客も知っている中では、無意識レベルでですが、その相手にボールを取られることや出し抜かれてしまうことをいつも以上に嫌がってしまうのです。

攻撃を始めると、ボールを簡単に取られる姿を晒したくない選手たちは[131]〝安パイ〟な選択をしがちになります。

---

[130] **嫌う心理**
ほとんど無意識のレベル。意識は、変えるのは簡単だが、無意識を変えるのは難しい。変えるのは日常。

[131] **安パイな選択**
一概に安パイが悪いわけではない。ただ格下の選手が嫌がるのは安パイではないプレー、だと思う。答えは相手が持っている。

ボールを保持していても勝負のパスや仕掛けを躊躇してしまい、結果、ボールを相手のブロックの外で回しているだけになります。そうすると、モチベーション充分で挑んできている格下のチームは〝粘る〟ことがたやすい状況となり、時間の経過とともに格上のチームのリズムに慣れていき、そして「やれそうだ」と自信を摑んでいきます。

格下のチームとしては、何度かラフにでも押し込まれて、プロ選手の個人能力の怖さを知ったほうがバタつくのですが、慎重に攻めてきてくれると組織で対抗できてしまうので、そのうちに格上のスピード感にも慣れていきます。

守備面でも同様で、周りが格下と認識している相手に簡単にやられる姿は見せたくありません。その心理によって、一歩寄せることや厳しく対応にいくことをためらってしまいます。寄せれば入れ替わる可能性があるからです。それは一瞬のことですが、その一瞬の隙が相手選手を自由にさせてしまう瞬間になり、その瞬間が大きな傷口となって失点に繫がってしまうのです。

相手を舐めているというわけでもないのですが、なんとなく〝やられたくない〟という心理から、対応が雑になってしまうわけです。

僕は、決勝戦や優勝が決まるような試合も、格下と呼ばれるようなチームとの試合も、同じ気持ちで挑むようにしている、と事あるごとに言ってきました。

関連 一瞬の隙
↓考察2・5・7・15・16

それがサッカーにおいて何より大事だと。

それは理想論[132]のように聞こえるかもしれませんが、サッカーとはそういうスポーツなのだと思っています。

相手云々の前に、その試合が難しい試合になるか簡単な試合になるかは自分次第で決まることであり、それは相手が強かろうと弱かろうと変わりません。だから、やるべきことはいつも同じ気持ちで試合に臨むことなのです。

「同じ気持ち」とは、攻撃時に慎重になり、守備時に雑になる、という無意識レベルの心理にも対応することを言います。

サッカーは謙虚で正直なスポーツです。本当に必要なのはその真逆で、攻撃時には思い切りよく、守備時には緻密にならなくてはいけません。それを失っているチームにはサッカーの神様は微笑んでくれません。


謙虚。

僕は謙虚という言葉が苦手です。謙虚とは人によって捉え方が違います。ある人にとっては謙虚な言動が違う人には謙虚ではないと言われてしまったりします。僕自身も謙虚であろうと努めていますが、いつも正しいことをできてい

---

[132] **理想論**
いつでも、試合前には決まって「この試合は大事」と言われる。そのたびに「いつもじゃん」と思っている。「いつも同じ準備」とは理想ではなく現実。

関連 **緻密**
↓考察12・19・25

関連 **サッカーの神様**
↓考察5・7・8

るとは思っていません。

ただ、サッカー選手としてブレずに持ってきたのは、どんな相手にも同じ気持ちで、自分の全力をかけて勝つために戦う、ということでした。プロサッカーを少し離れた今ではあの頃の自分に「もう少し冷静になれ」と言いたくなる気持ちになったりもしますが、それが僕なりの自分への謙虚であり、相手への謙虚であり、そしてサッカーへの謙虚だったように思います。

考察
21

レフェリーと行うべきは「駆け引き」か。それとも……

ミスジャッジもサッカーの一部

ジャッジはときに勝敗を分ける。そう思う方も多いのではないでしょうか。実際、ピッチでそんな試合に出くわしたこともあります。ピッチレベルにおいては、レフェリーの方との付き合い方も試合のキーファクター[133]になるのです。

ロシアW杯最終予選の初戦、UAE戦で日本は1対2で敗れました。その試合で下されたいくつかのジャッジが話題となり、数日間随分とレフェリーの判断について議論がされていました。

アジアチャンピオンズリーグやタイプレミアリーグを経験した者としての感想は、試合を通して見ればいたって普通だったように思います。確かにいくつかのミスジャッジは見られたものの、アジアの大会では、あのくらいの数のミスは珍しくありません。それ自体が問題といえばそうですが、ミスジャッジも

キーワード・
関連記事

(133) **キーファクター**
ピッチにいるのは22人の選手とレフェリーだけ。味方と相手とレフェリーしかいないのだ。当たり前ですが。

サッカーの一部だということもサッカーを愛する者には共通の認識でしょう。

こんなことを話すと、僕のことをよく知る方やサッカーをよく見られる方から、「そんなこと言いながら、お前らよくレフェリーに抗議しているじゃないか！」という声が聞こえてきそうです。確かに、UAEとの試合のあとも選手がレフェリーに抗議する姿が見られましたし、僕もレフェリーの方と試合中に何度か話をすることがあります。

笑顔で話したり怒っているように話したりいろいろなので、よく「何を話しているんですか？」という質問を受けます。この考察ではレフェリーと試合の関係について書いてみましょう。

2試合連続で退場処分を受けたこと

少し回り道をします。

小さい頃、僕はわがまま坊主のクソガキで、超がつくほどの負けず嫌いでした。試合が始まれば熱くなり、レフェリーの方にたてついてイライラすることもしばしばでした。試合が終わって冷静になると反省する気持ちはありましたが、そんな自分も試合では抑えられずにいました。

関連　負けず嫌い
↓考察14・20

プロに入ってからも、熱さも自分の個性だと思っていた僕は、自分という存在をアピールする意味でも激しさを前面に打ち出していて、レフェリーの方に対しても感情をぶつけていました。

転機となったのはプロ2年目の夏でした。僕は2試合連続退場という大きな過ちを犯しました。まず、サンフレッチェ広島との試合で佐藤（寿人）選手を倒して一発退場となり、1試合の出場停止があけた東京ヴェルディとの試合で今度はイエローカード2枚で退場しました。それも2試合とも前半での退場で、チームはいずれの試合も落としました。

正直、判定自体は僕に厳しいものだったと思います。ただ、問題はそういうことではありませんでした。僕自身のレフェリーの方への接し方に問題があると思いました。

それから、レフェリーの方と話す言葉や態度を見直していきました。一度ついてしまった印象を塗り替えるには時間が掛かります。僕を要注意人物と認識しているレフェリーの方の印象を覆すのは簡単ではありませんでした。

自分のあり方を見直していく中で気付いたことがあります。それは多くの人が、サッカーにおけるレフェリーという存在を勘違いしている部分があるということです。

僕もその一人でしたが、サッカーにおけるレフェリーとは、「審判」という言葉で表現される存在とは少し違います。なぜなら、サッカーにおけるレフェリングには、「白か黒か(ファウルか否か、どちらのボールか、警告か退場かなど)」を判定するだけでなく、笛を吹いてプレーを止めるか、どこまでのプレーをファウルとするかといった、レフェリーの裁量によって決まるグレーな部分があるからです。

つまり、サッカーにおけるレフェリーには、試合を公正平等に進めていくと同時に、できるだけその試合を円滑に進めていく役割があり、その点では、レフェリーと選手は、裁く側、裁かれる側という関係だけでなく、ともに試合を創っていく関係でもあると言えるのです。

なぜ、レフェリーと会話する必要があるのか

だから、僕がレフェリーの方と話をする場合に気を付けているのは、レフェリーの方を尊重することは当然として、その上で、「レフェリーの方の見解を聞いたあとは、未来のことを話す」ということ、「基準を揃えてもらうよう主張する」ということです。

例えば、自分はファウルと思っていないプレーでファウルを取られたとします。僕は不満です。

「今のはファウルですか？」

と尋ねます。大体、有無も言わせぬ様子で頷かれます。それはそうです。笛を吹かれているのですから。

そこでもし不満があれば、タイミングを見て、

「今のはこういう意図でやったプレーで、ファウルは厳しくないですか？」

と聞きます。すると、ここでそれを説明してくれるレフェリー、頑《かたく》なに「ファウルだ」としか言ってくれないレフェリー、何も答えてくれないレフェリーなどに分かれます。

問題はこのあとです。そのレフェリーの方の性格や特徴を踏まえた上で、

「こういうプレーは見ておいてくださいね」

という未来の話をします。そうすると大体、相手チームの選手も同じように、

「こっちも見てくださいよ！」

と主張をしてくるので、

「当然、相手も同じ基準で笛を吹いてあげてください」

と伝えています。

大切なのは、有利な判定をしてもらうことではなく、ファウルをして止めようとしている選手を見逃さないようにしてもらうことです。それを間違わなければ、レフェリーの方も選手が主張してくることを嫌がったりはしません。

よく、レフェリーの方と話しているシーンを指摘して、「駆け引きをしている」[134]と言われることがありますが、僕の中では少し違います。書いてきたように、僕はただ、会話の中でレフェリーの方の基準や性格を知りたいという側面が強く、その上で未来を先に想定しやすくしておきたいのです。

これまで何度も書いてきたように、サッカーはほんの小さなディテールが勝負を分けます。それがレフェリングであることも当然あります。

問題は起こってからではもう取り返せません。問題が起こる前に、できることをしておかなくてはいけません。僕は心配性なので、これから起こることにできるだけ手を打っておきたいだけなのです。

未然に防ぐことの重要性

先ほど回り道をしているときに、小さい頃の記憶をひも解いていたら思い出したことがありました。

---

(134) 駆け引きをしている

レフェリーの心理を想像して接するので、それを駆け引きと言われてしまえばそれまでですが、僕の中では人と人とのコミュニケーションだと思っています。

関連ディテール
↓考察4・6・7・11

僕の故郷である山口県は、特産品の夏みかんの色にちなみ、ガードレールがオレンジ色なのですが、僕が住んでいた島は田舎なので、ガードレールがない道も多く残されています。その中に、鋭くカーブを描く道の脇にもガードレールが設置されていない場所があって、川はむき出しになっていました。

ある日、そこで事故がありました。浅い川なので、確か大きな事故ではなかったと思いますが、数日後にはそこにガードレールが設置されていました。

子ども心に、なぜ事故が起きる前に設置されないのかなと思った記憶があります。今ではなんとなく、その事情も分かりますが、僕たちがピッチの中でしなくてはいけないのは、そうした「なぜ前もって……」と思うようなことをなくしていくことです。

未来に何が起こるかは分かりませんが、起こりうるあらゆる可能性を一つひとつ明確にしていき、必要であれば、事故が起こる前にガードレールを設置しておかなくてはいけないのです。サッカーにおいては得てして、それを怠ったところで、事故は起こるものだからです。

裁く側と裁かれる側。それに抗議する者とされる者。そうした構図だけでなく、選手とレフェリーとの付き合い方も少し目線を変えて見ると、また違うサッカーの見方ができるかもしれません。

PITCH LEVEL

ピッチへの論点5

技術と心構え

「『日本人は体格に優れないから
こだわらない』というのは雑な考えです。
体格に優れないからこそ深めるべき課題だと思います」

考察
22

ヘディングにはうまくなるポイントがある

まず意識すべきは相手ではなく自分

日本は技術がある。サッカーファンであればこの言葉を耳にしたことはあるのではないでしょうか。

体格的に劣っていることの対比として言われるケースが多いのも事実ですが、その技術に対して言語化されたものを目にしたことがあまりありません。日本のサッカーが技術にたけているのであれば、より技術について議論を活発化させる必要があるでしょう。と、そこまで大げさに捉えてもらう必要はありませんが、ここからは僕自身の技術に対する考え方、実際の中身について触れていきたいと思います。

僕の選手としての一番の武器はヘディング。ほとんどの人がそう言うでしょ

キーワード・関連記事

関連 技術
↓考察25・26・31

関連 ヘディング
↓考察12・17・24・27・34

う。ちょっとした反論をしたくなる瞬間はあるにせよ、それは事実なのだろうと思います。

とりわけ、僕がプロとして生き残っていくためにまずアピールしたのはヘディングの強さでした。ヘディングほど僕のキャリアを助けてくれたものはないと思います。

若い選手にもよく「ヘディングのコツを教えてください」と言われます。別に隠しているわけでもないので、そのコツを紹介したいと思います。

まず、大前提として、ヘディングのときに一番に考えるべきは「自分」です。つまり、相手に競り勝とうとするときに、意識を「相手」に持っていく前にまず、「自分」が一番いいタイミングで跳ぶことを考えなくてはいけません。

飛んでくるボールに合わせ、どんなボールにもコンスタントに自分の一番高いポイントでヘディングができるようにします。「相手」を意識するのはそのあとです。

相手に意識を取られると自分が一番いいタイミングでヘディングすることができなくなります。ボールを捉えるタイミングがずれてしまうからです。それでは競り勝つ確率も下がってしまいます。

関連｜相手
→考察1〜5・7・20

相手に競り勝つためには、まず自分がコンスタントであることが大前提です。

鹿島アントラーズに加入する前年、練習参加をしていた際に、「3番」の大先輩である秋田（豊）さんに「ヘディングのときに何を意識していますか？」とうかがったときのことをよく覚えています。

秋田さんも「まず自分が一番高いポイントでヘディングすること」とおっしゃったのです。「僕と一緒だ！」と心が叫び、このことが僕の中で確信となりました。

このことが示すのは、ヘディングが強くなりたければ、それだけの練習量が必要だということです。「自分が一番高いポイント」とはどこなのかを練習で摑むことが何より先決です。

早過ぎるタイミングで跳ぶ

跳ぶタイミングには、一つコツがあって、ジャンプのタイミングを早めることが大事です。

小学生のとき、指導者の方に「跳んで、ヘディング！」ではなく、「跳んで、（空中で）待って、ヘディング！」と言われたことをよく思い出します。僕が

関連 3番
↓考察24・36・38

イメージするのは、ジャンプした上がり際にヘディングするのではなく、落ち際にヘディングするイメージです。

特に練習をするときには、早すぎると感じるくらいのタイミングでジャンプをするようにします。早いタイミングを習得しておくと、遅くすることはいつでもできます。跳ぶタイミングに関してはプロサッカー選手も上がり際にヘディングする選手ばかりですが、僕は落ち際でヘディングするべきだと思います。

というのも、早くジャンプをすれば、遅れて相手選手が跳んでくる形になります。つまり、空中で自分が待っているところに相手が下から跳んでくる形になるので、ほとんどの場合で競り勝てるのです。

ただ、そのためにはやはり鍛錬が必要です。早く跳ぶためには、早く落下地点を見極め、ジャンプも早く決断しなくてはいけません。それに慣れるまでは難しい技術になります。

このタイミングを知った選手は間違いなくヘディングが強くなります。若手選手に付き合ってヘディングを教えるときはまず、このタイミングから教えます。これだけで劇的に変わります。

ヘディングにおいて「滞空時間が長い」という言葉がありますが、現実に滞空時間に大きな差が出るはずはありません。きっと滞空時間が長いヘディングとは「ジャンプしてヘディングするまでの時間が長い」ことで、ヘディングの強い選手とは早く跳んでいるだけなのです。

斜め前方上にジャンプする

センターバックのジャンプについていうと、真上にジャンプするのではなく斜め前方上にジャンプすることも大事です。

真上にジャンプすると、ヘディングをする位置が相手フォワードの頭の後ろになってしまいます。そうすると、相手が触れなかったボールしかヘディングすることができません。相手より先に触るためには、相手の頭の後ろではなく、相手の頭の真上あたりでヘディングをする必要があります。だから、必ず斜め前方上に跳ばなくてはいけないのです。

整理すると、早いタイミングで斜め前方上に跳んで、空中で待ってヘディングをする。そうすれば、相手を意識するまでもなく、相手に競り勝つことができます。

このヘディングの〝型〟を作ることができれば相手を意識する必要はなく、自分を意識していれば、相手がたとえ跳んできても自然に競り勝ってしまうの

関連｜フォワード
↓考察9・17・25・31

です。これはサッカーのおもしろいところでもありますが、（何度か書いてきたように）「相手」を意識しないようなシーンこそ相手を意識せねばならなず、ヘディングのように「相手」に意識がいきそうなところほど「自分」に集中すればいい（相手を意識しなくていい）という盲点のようなものがあります。

「手の高さ」にあるポイント

多くの選手を見ていて気付くこともあります。それはヘディングするときの「手の高さ」。正確には、ジャンプするときの手の使い方です。

彼らのヘディングを見ると、ジャンプのときに手を使っていません。写真などを見ても、下に手が伸びたままヘディングしている選手ばかりです。

しかし、走り幅跳びや高跳びの選手で、手を下に下げたまま跳ぶ選手はいません。必ず、手を振り上げ、全身で上へ跳ぶはずです。僕は中学生時代、陸上部で走り幅跳びをしていましたので、その要領で、ヘディングのときも手をバンザイするように振り上げてジャンプするようにしています。

関連 走り幅跳び
↓考察27

ボールを当てる位置を使い分ける

練習中、僕のヘディングを見てチームメイトが笑うことがあります。インパクトのときの音が理由です。「ペチンッ」というような音がするのです。

これはみんなとボールを当てる位置が違うからだと思います。よく、ヘディングでは「髪の生え際」にボールを当てるように指導されます。しかし、僕はもっと下、こめかみの辺りに当てています。単純にそのほうが強いボールが飛んでいくからです。

髪の生え際は大体、頭の角度が少し上に向いています。しかし、こめかみの辺りは真っ直ぐ前に向いています。普通に考えれば、こめかみのほうが直線的なボールが行くと考えられます。

これにも使い分けが重要です。例えばクリアのときなど、より遠くへ山なりのボールを飛ばしたいなら髪の生え際のほうが上に曲線を描いて飛んで行ってくれます。

ヘディングの種類を持ち合わせる

細かいことを挙げればほかにもいくつかありますが、基礎的なヘディングの仕方についてはこのくらいです。

加えてこだわるべきなのは、ヘディングの種類です。「ヘディングが強い」というのは、あらゆる状況に対応できる強さでなくてはいけません。

例えば、ゴールキックやロングボールなど正面から入ってくるボールとクロスボールやコーナーキックなどのサイドから入ってくるボールでは違う種類のヘディングになります。正面からのボールは、ボールと相手を同一視野に捉えたまま勢いを付けて競ることができますが、サイドからのボールはボールスピードが速く、ポジションや視野の駆け引きを相手としながら、立ち位置や体の使い方で勝負が決まってきます。

攻撃のヘディングと守備のヘディング、ニアサイドとファーサイド、片足ジャンプと両足ジャンプのヘディングも、ヘディングというくくりでは同じですが、必要とされる動きは少しずつ違います。

実際の試合においては、これに加えて相手選手のタイプも関わってきます。

関連 ニアサイド
→考察12・15・22・25

「自分の得意な形だったら強い」では「ヘディングが強い」とは言えません。残念ながら、「自分の形」でも「そうでない形」でもヘディングが得意である、という選手は、日本においてはあまり多くないと思います。

ヘディングは、足で扱わないせいか、日本サッカーにおいて随分とその影響力を過小評価されていると思います。鹿島でお世話になったブラジル人監督はいつもその重要性を説いていましたが、空中戦は試合において必ず起こるものです。それも、公式戦では少なくない回数で繰り広げられます。

球際、セカンドボール、そして、ゴール前。

試合の流れを決定づけるような局面でこそ訪れるヘディングの場面においては、まだまだ深い議論が必要だと思います。ヘディングのコツや種類、「強さ」の捉え方を掘り下げることが足りていないように思うのです。

「日本人は体格に優れないからこだわらない」というのは雑な考えです。体格に優れないからこそ深めるべき課題だと思います。

関連 自分の形でもそうでない形でも
↓考察8

関連 ブラジル人監督
↓考察11・12・24

考察
23

守備時の「危険察知能力」はどう磨かれるのか

失点はしない、という前提

先日、鈴木（啓太）さんの引退試合に参加させていただきました。

鈴木さんといえば、「危険察知能力」。危ない場面にいつも顔を出し、ピンチを未然に防いでいく姿は敵として厄介極まりない選手でした。

今回は、この「危険察知能力」という言葉について少し立ち止まって考えてみたいと思います。


危険察知能力。

サッカーの世界で度々、守備の選手がピンチを防いだ場面で使われる言葉ですが、僕の感覚では少し表現がしっくりきません。聞き慣れてしまっている言葉ですが、「危ない」と思ったときにピンチを防ぐのは、危険を察知する能力

キーワード・関連記事

ではありません。特にプロの世界ではそうだと思います。

どういうことか説明しましょう。

（何度も書いてきましたが）サッカーは得点がなかなか入らないスポーツです。逆から考えれば、サッカーはなかなか失点をしないスポーツと言えます。

つまり、守備をする者からすると、ほとんどの場面で「やられてしまう」ということはありません。正しいポジションを取っていなくても、あるいは、必死に守らなくても、それが毎回失点に直結するわけではありません。

そのことによって起こるのが、「正しいポジションを取らなくても今回は大丈夫だろう」とか、「必死に守らなくても大丈夫だろう」という心理です。サッカーにおいては、どちらかと言えば、その心理のほうが当たり前だったりします。人はどうしても可能性を頭に入れてプレーするので、失点の確率が低いことから、サボるとも少し違うのですが「〜だろう」というプレーになりがちなのです。


僕は、サッカーの守備は車の運転によく似ていると思います。

運転免許の講習のときに、『〜だろう』運転はだめ、『〜かもしれない』運転を心がけよう」と教わります。運転のとき、携帯電話を見てしまうことや注

関連 プロの世界
↓考察9・10・12・24・28

関連 失点をしないスポーツ
↓考察9

関連 心理
↓考察1・11・12・16・20

関連 「〜だろう」
↓考察5

意を怠ることは危ないことだと誰もが知っているのに、事故はそれほど頻繁に起こるわけではないことから、ふとしたときに「大丈夫だろう」と考えてしまいます。そして、そういうときに限って、危ない場面に出くわします。

「危険察知能力」とは「いつも備える力」

守備も同様です。「大丈夫だろう」という守備が危険な場面を作らせてしまい、そして何度かに一回、失点に繋がってしまうのです。だから常に、「何かが起こるかもしれない」という心持ちでポジショニングや対応に気を配らなくてはなりません。

つまり、僕の中では、「危険察知能力」とは、「危険を察知する能力」ではなく、「いつも危険に備える能力」なのです。

プロの選手ともなれば、危険な場面というのは一瞬で起こります。それを察知してから対応するような時間はありません。「危険になりそうだったらやる」では間に合わないのです。

「危険察知能力が優れている選手」というのは、危険になりそうかどうかなど

関連 守備

↓考察14・19

関係なく、愚直に同じことを繰り返しています。その内の何回かだけ、たまたまそこにボールが来て、危険を回避するプレーになって賞賛されますが、そうでないときにもいつも「危険な場面になるかもしれない」と思ってポジションを取っています。

決して「危険を察知してから」ではないから、ほかの人が遅れてしまったところもカバーすることができ、その愚直な何十回、何百回の中のほんの数回だけが“たまたま”ファインプレーになる。ご本人に聞いたことはありませんが、僕の目には、鈴木さんもそんな感覚でプレーしていたように見えました。

ポジションこそ違いますが、僕も「危険察知能力が高い」と言われたことがあります。僕の場合はもう少し後ろ、ペナルティーエリア内での勝負強さで生きてきました。

特に、優勝がかかった試合におけるぎりぎりのクリアのイメージが強いのか、歴代の監督さんはいつも「優勝がかかった試合は絶対にお前を外さない」と言ってくれました。

思い出深いのは、3連覇を決めた浦和レッズとの試合でエスクデロ選手のシュートを左足のつま先で触ってかき出したプレーです。

今でもこの瞬間の「心」を思い出すことができますが、このシーンで僕がし

---

(135) **同じことを繰り返し**
守備には原則がある。原則の徹底が守備を堅くする。

関連 **何百回の中のほんの数回**
↓考察9

(136) **“たまたま”ファインプレー**
ファインプレーのときに特別なことをしているわけではない。当人はいつものことをしているだけ。

関連 **3連覇**
↓考察6・8・15・32・34・37

たのはいつもの自分のプレーでした。決して「3連覇がかかっていたから」とか「危険だったから」ではなく、自然にいつもの自分が反応しました。

自然に動いた自分の足にボールがたまたま当たり、たまたまボールがゴールの上を通過してくれました。僕はゴールの上を越えていくボールを見たときに、試合中にもかかわらず3連覇を確信しました。


何かを達成するときには必ず何かに導かれるような瞬間があります。それをサッカーの神様というのかもしれませんが、未だにその得体は知れません。ただ、僕はいつも愚直さを試されているように感じます。

3連覇を成し遂げた２００９年。僕はサッカー人生で最も愚直にサッカーと向き合えた年でした。

だから、ボールを見上げ、3連覇を確信した僕は、同時に「やっぱりな」と思ったのでした。

考察
24

多様化するセンターバックの役割。欠かせない資質

ブラジル人監督が求めた「センターバックの格」

Jリーグ終盤戦やチャンピオンシップ、僕たちが戦った昇格プレーオフなど、昨年(2016年)の12月は、一つの勝ち負けでシーズンが決してしまうような試合が続き、サッカーのおもしろさと怖さを改めて思い知らされました。

そんな試合を見たり、戦ったりしながら思うことがありました。

「やはりセンターバックは格だな」

これは鹿島アントラーズに加入した頃、当時のトニーニョ・セレーゾ監督がよく言っていたことでもあります。ブラジル代表の名選手だった彼の言葉は、当時の僕にとても刺激的で印象に残りました。

では、その格とは何か。「センターバックに格が必要」とはどういう意味なのか。

キーワード・関連記事

関連 昇格プレーオフ

→考察2・7・15・

センターバックに必要な能力は多様化しています。高さや強さはその一面に過ぎません。例えば、論理的思考力。これは僕がかつて拠り所にしていたものでした。

僕は論理的に物事を捉えるのが好きです。大学時代に数学を専攻していたことも少なからず影響していると思いますが、一つの事象を見たときに、なぜそのようなことが起こったのかを遡って考えたり、深く掘り下げて考えたりすることが好きです。

論理的であることが正しいことなのか、という議論はさておき、センターバックとして成長していくには大切な要素の一つだと思いますし、楽観的に結果オーライでサッカーをしていてはセンターバックは務まらないとも思っています。

センターバックというポジションは一番後ろから全体を見ることができます。ゆえに、チームを動かすという仕事や、チームの問題点を見つけて自分で改善させることができます。このことは、チームの中の立ち位置を高めていくのに絶対的に必要です。

---

137 能力は多様化
できることが多いことは当然素晴らしい。ただ、センターバックに求められる「足元の技術」とは、中盤の選手のそれとは違うことも明確にすべき。

関連 論理的
→考察14・17

関連 センターバック
→考察12・22

「秋田豊のようなセンターバックになれ」

ほかにもセンターバックは当然、強さや高さも必要ですし、最近ではパス出しや速さなども求められるようになりました。サッカーの戦術はどんどん進化していて、センターバックにも時代とともにより多くのタスクが与えられるようになってきたのです。

ただ、これらの「センターバックに必要とされる能力」と「格」とはあまり関係がありません。むしろ、この能力にばかりこだわることが「格」を持つことにマイナスに働くことさえあります。

僕が鹿島でスタメンを張るようになった頃のことをよく思い出します。僕は当時から戦術を語るのが好きで、声でチームを動かすのが好きでした。それが自分の個性⑬⑧であり、売りであるとも考えていました。

その頃に、鹿島のあるフロントスタッフの方にこう言われました。

「周りを動かそうとするのはいい。ただ、秋田(豊)のようにどんと構えて、ほかの選手に好きにやっていいと言えるようにならないと」

僕はその意味がよく分かりませんでした。

---

⑬⑧ **自分の個性**
鹿島は強い個性を集めて集団を作る。3連覇時のメンバーの個性の強さといったらなかったな。

センターバックは声を出してチームを動かすのが仕事です。ときにはチームに檄《げき》を飛ばすこともしなくてはいけません。ましてや、失点して批判されるのは自分たちなのだから、言われたような振る舞いはできない、もっと言えば、すべきではないと思っていました。

僕は少し、試合に向かうにあたって〝頭でっかち〟[139]になっていました。自分の考えるセンターバック像を論理的に考えるあまり、大事なことから目を背けてしまっていたのです。

その意味を理解したのは初タイトルを取ったあたりだったでしょうか。

大事なのは心の奥底でした。心の奥底に、「大事なこと＝結果への覚悟」を持っているか否かでした。

覚悟、責任。

言葉で言えばありきたりなものになってしまいます。

指示をうるさく叫んでもいいのです。周りを叱り飛ばしてもいいのです。失点の理由を冷静に分析してもいいのです。

ただ、そのときの心の奥底には、結果への覚悟と責任がなくてはいけません。それがあるだけで、チームメイトへの伝わり方がまるっきり違うのです。そして、自分自身のプレーも見違えていくのです。

---

[139] **頭でっかち**
一度頭でっかちに陥ることはおすすめします。針を一度振りきれさせないと本当のバランスは見えてこない。

関連 覚悟
↓考察26・31・39

関連 責任
↓考察2・7・12・26・36・38

チームで責任を、自分の仕事に覚悟を

当時の鹿島には、野沢（拓也）選手や本山（雅志）選手をはじめとする天才たちがいました。サイドバックには内田（篤人）選手と新井場（徹）選手という攻撃的な選手が並んでいて、守備のことを考えれば難しさはありました。理詰めで語れば戦いに隙があったかもしれません。

しかし、僕たちは責任を分け合っていました。それぞれが自分の役割を、覚悟を持って全うしていました。

僕の仕事場はペナルティーエリアでした。どんなに崩されても僕はいつもそこにいるようにしました。どんなに崩されてもゴール前の責任は僕が持ちました。

あの頃の僕たちはそれぞれがそれぞれの責任を尊重し、自分の仕事に覚悟を持つことで成り立っていました。

確かにセンターバックに必要な能力は以前よりも多様化されてきました。相手の攻撃を弾き返すだけでは充分ではない時代になってきました。

しかし、いつの時代も変わらないのはフィールドプレーヤーで一番自陣ゴー

関連 自陣ゴール前
↓考察5・11・12・16・17

ル前に近いポジションの選手を「センターバック」と呼ぶということです。

一人ひとりに責任があるとしたら、ゴール前の責任はいつもセンターバックにあります。

その責任はプロの世界ではとてつもなく重いものです。いつも息苦しくて吐きそうになります。責任をどこかに投げてしまいたくなります。

だからこそ僕はプロのセンターバックは、「能力」ではなく「責任に対する覚悟」で差がつくと思っています。

そして、その覚悟が内側から滲み出た立ち姿のことを、センターバックの「格」と呼ぶのではないかと思います。

考察
25

守備目線で見たストライカーの技術論

ストライカーの共通点

これまでも何人かのＦＷの名前を挙げてきましたが、今、旬を迎えている日本人ストライカーといえば大迫（勇也）選手でしょう。２０１４年のＷ杯のあとは日本代表からも少し遠ざかっていましたが、久々に代表復帰をした２０１６年11月11日のオマーン戦での２つのゴールには「プロで得点が取れる選手」の要素が詰まっていました。守備目線で見た「ＦＷ」の技術論です。

大迫選手は高校時代から〝半端ない〟選手でした。しかし、高校時代にそのような選手であってもプロに入ってから苦しむことも少なくありません。

大迫選手には何があるのでしょうか。なぜ彼は超高校級ストライカーから日本代表のストライカーへとステップを上がれたのでしょうか。

キーワード・関連記事

関連　ストライカー

→考察９・17・31

先に指摘した2ゴールには、大迫選手がプロでストライカーとして生きていくために取り組んできた部分が見え隠れしていました。そしてそれは、これまで僕がたくさんのストライカーと対戦してきた経験から、全てのストライカーに共通する、「ストライカーの分かれ目」のように思います。

考察9で「ごっつぁんゴール」と「スーパーゴール」から、得点を重ねる選手に必要な条件の話をしましたが、より具体的な得点への道筋のお話です。オマーン戦の2ゴールはどのようなゴールだったでしょうか。

1点目は左サイドからの清武（弘嗣）選手のクロスを、マーカーの背後を取ってヘディングで叩き込んだもの。

2点目は、清武選手のグラウンダーの縦パスをペナルティーエリアに入ったあたりで受け、鋭いターンからの切り返しで相手をかわし、冷静に右足で流し込んだものでした。

「相手の背後から叩き込んだヘディング」と「相手をかわしたシュート」。

言葉で振り返れば能力の高さを生かしたもののように聞こえます。さすが〝半端ない〟といったところでしょうか。

しかしこのゴールに隠されている大事なこととは、「背後を取ったこと」でも「相手をかわしたこと」でもありません。

ここにプロに入ってからも得点を取り続けられる選手とそうでない選手、つまりストライカーとしての分かれ目があります。

「まず」ニアを取ろうとする姿勢

まず、1点目のシーンでは、大迫選手は実は相手の背後を取ろうとはしていません（あくまで私見です）。清武選手がルックアップしたタイミングで、相手の前を取ろうとしています。ここには一度、バックステップを入れた上で、相手の前に少しでも出てボールに触ろうという意図が感じられます。

しかし、そのときに大迫選手をマークしていた相手選手がその走るコース、前方の[140]スペースを消そうとしているのを感じて、突如、動きを変えています。そのために少し足を滑らせていましたが、すぐに体勢を立て直し、フリーになって、ヘディングを決めました。

つまり、大迫選手は相手の背後を取ろうとしているのではなく、〝まず相手の前〟を取ろうとしています。大迫選手はこの試合で、このシーンだけでなく、ほぼ全ての場面でクロスに対して駆け引きをしながら、前を取ろうとしていました。

---

[140] **スペースを消そう**
攻撃の選手は獲物を探すようにスペースが空くのを待ってる。対する僕たちは隠すのか、おびき出すのか。動じず、慌てず、冷静に。

これが[141]クロスからの得点に関してとても大切なことです。

プロに入るまでは、クロスからの得点というのは、前（ニア）より背後（ファー）のほうが簡単です。相手ディフェンダーやゴールキーパーのレベルが高くなければ、背後で待っていたほうがボールは来ますし、ボールを受けてからもあらゆる得点の形があるでしょう。

しかし、プロではそうはいきません。個人の能力や戦術的な緻密さが上がると、背後で待っている本人は「いけそうだ」と思っていても実はあまりゴールは生まれません。

「大迫選手は背後で得点を取った」

事実は確かにそうですが、背後を取ろうとして背後を取ったのではなく、前を取ろうとしていて〝相手を見て〟背後を取ることにした、ということが重要なのです。

2点目に「かわそうという意図はない」

2点目はどうでしょうか。

ペナルティーエリア内で相手をかわしてシュート。見事なゴールで、もとも

[141] **クロスからの得点**
トップレベルの選手はクロスを上げるタイミングとボールスピードが半テンポ早い。半テンポの違いでセンターバックは随分処理しづらくなる。

関連 **緻密**
→考察12・17・19

関連 **相手を見て**
→考察11〜15

と、大迫選手が高校時代から得意としていたような形と言えるかもしれません。

しかし、このシーンにも大事なポイントが隠されています。

それは、大迫選手の[142]ファーストタッチです。大迫選手のファーストタッチはシュートを意識しています。ターンをしながらファーストタッチでボールを足元に止め、即座に2タッチ目でシュートを打とうという意図が見えます。決して、「相手をかわそう」としてボールを止めていません。

これがこのシーンの大事なポイントです。

結果的に大迫選手は、相手をかわしゴールを決めていますが、[143]相手をかわそうとしてかわしたわけではなく、〝[143]まず〟シュートを打とうとしています。シュートを打とうとしたら、相手がコースに入ってきたので、〝相手を見て〟判断を変え、右に持ち直し、シュートを打っています。

大迫選手はこのシーンの少し前にも、ペナルティーエリア内でボールを受けて、素早く2タッチでシュートを放っていましたが、ペナルティーエリア内では常に1タッチ、もしくは2タッチでシュートを考えているように見えます。

これがペナルティーエリア内での大事なポイントです。

---

(142) ファーストタッチ
野沢拓也のファーストタッチを近くで見ていられるのは最高の贅沢だったな。柴崎岳のそれも派手さはないけれどいつも意図があって面白かったな。

(143) 相手をかわそう／〝まず〟シュート
例えば、キックフェイントがうまい選手は最初からキックフェイントをしようとしているわけではない。最初はキックをしようとしていて、相手を見て判断を変えているから読めない。引っかかる。

プロのストライカーとして変えるべき意識

プロに入るまでは、ボールを受けて何人もかわしてシュートを決めることも、このクラスの選手には少なくなかったでしょう。いわゆる「スーパーゴール」です。

しかし、プロでストライカーとして生きていきたいなら、意識を変えなくてはいけません。ペナルティーエリア内にスペースはなく、シーズンに何度かはそんなスーパーなゴールも生まれますが、その形で10点も20点も取れるほどプロの世界は甘くありません。

決してスーパーゴールやドリブル(144)を否定しているわけではありません。ただ、ペナルティーエリア内では、まず、少ないタッチでシュートを打つ意識がゴールをたくさん生むためには大切だと思います。

僕は基本的に、ストライカーには、ストライカーになろうとしないとなれないと思っています。チャンスメイクとゴールを決めることでは、判断が変わるからです。

クロスに対して相手の背後を取ろうとしていたら、相手の前を取ることはで

関連 スーパーゴール
↓考察9

(144) **ドリブル**
新井場徹。あんなサイドバック、あとにも先にも見たことがない。本山雅志は言わずもがな。あんな天才も、あとにも先にも見たことがない。

きません。ペナルティーエリア内で相手をかわすことが一番にある選手は、当然、少ないタッチでシュートを打つ準備はしていないでしょう。

確かに、ストライカーと言われる選手はさまざまな形でゴールを決めています。今回の大迫選手のように、クロスに対して相手の背後でヘディングを叩き込むこともあれば、ペナルティーエリアで相手をかわしてゴールを決めることもあります。

しかし、それらは僕には〝相手を見て〟判断を変えているに過ぎないように見えます。ストライカーは一番ゴールの確率が高い判断を〝まず〟選択し、その上で相手を見てプレーを変えているのです。

大迫選手が鹿島に加入してきた頃のある会話を思い出します。

「シーズン15点や20点取るようなストライカーになりたいの？　それともなんでもできるチャンスメーカーになりたいの？」

彼は即答でした。

「ストライカーです」

---

145 相手をかわすことが一番にある選手
大迫選手もプロに入団してきたときはそうでした。彼はそこから自分でマインドを変えることができました。

考察
26

怪我を防ぐ技術、付き合う技術

ドクターに「世界最速」と苦笑いされた怪我

今年（２０１７年）の3月12日に、僕は大学生との練習試合で左足を骨折しました。相手選手が思い切り突っ込んできたのを避けられず、スネの一番膝に近いところを受傷しました。

診断結果は、全治2〜3カ月。このとき関東社会人リーグの開幕まで5週間、2戦目のホーム開幕戦も7週間後に迫っていました。

僕はこれまであまり骨折をすることがなかったので、明確に先を見通すことはできませんでしたが、復帰目標を7週間後のホーム開幕戦に定め、（アウェイの）開幕戦にも少しは出られるのではないかとふんでいました。

結局、僕は開幕戦に後半途中から約20分出場し、復帰目標としたホーム開幕戦にはフル出場することができました。診察をしていただいたドクターからは

キーワード・関連記事

「世界最速じゃない？」とお褒めの言葉（？）をいただきました。

リスクはあったと思います。それを許していただいたドクターには感謝しなくてはいけません。鹿島アントラーズ時代からの付き合いでなければ、理解してもらえなかったでしょう。

ただ僕は、リハビリを進めるうちに、このスケジュールでいけるという自信を深めていきました。それはこれまでの怪我との付き合い方があったからだと思います。

技術の考察、最後は、怪我との付き合い方から学んだこと、です。

僕はプロに入ってから大きな怪我をしたことがありません。一番大きなものが、２０１１年のシーズン終盤に負った重度の打撲で、このときは復帰まで２カ月を要しました。それ以外で、怪我によってチームを離れたのは長くても２週間ではないかと思います。

「怪我をしない」、「怪我に強い」というのは、僕の一つの個性だったと思います。

⑭⑥山村（和也）や昌子（源）、植田（直通）といった面々が入ってくるまでの鹿島はセンターバックを４人しか登録していないことがよくありました。当時は

---

⑭⑥ **山村や昌子、植田**
３人が三様に活躍しているのをうれしく思っています。

関連 **センターバック**
↓考察12・22・24

ターンオーバーもほとんど行われなかったので、同じく稼働率が高かった大岩(147)（剛）さん（現監督）とのコンビは、チームがシーズンを通して安定した戦いをするために欠かせないものになっていました。

怪我をしないための「メンタルの糸」

プロでは結果が全てです。たとえ実績や経験に差があっても、結果を出し続ける選手は使われます。「結果」とは「試合に出て勝つこと」であり、怪我で試合を休めば「結果」を残すことはできません。そして、その代わりにほかの選手が「結果」を残す可能性を与えてしまいます。

僕は、怪我をしないことに努めていきながら、もし怪我をしても試合に出続けることを自分に課してきました。

「怪我をしない」、「怪我に強い」。

それらはどのようにしたら手に入るのか。

僕はプロとして、ほかの誰にも「結果」を残すチャンスを与えず、自分がそのチャンスを得続けるために考えました。そして、怪我の度に、自分の体と向き合ってきました。

---

(147) **大岩剛さん**
合う、合わないは数試合一緒にプレーすれば分かります。僕は幸運でした。剛さんとは完全に合っていました。

関連 結果
↓考察5・6・9・36・37・39

次第に僕はいくつかの仮説を立てて、検証するようになりました。その中から、今では自分の中で確信となっているものをご紹介します（あくまで、僕の体のお話です）。

まず、「怪我をしない」ためには、メンタルが健康であることが重要です。腰痛は40代の男性に一番症例が多いと聞きますが、やはりストレスと怪我とは密接に関わっていると思います。

ですから、僕は自分の「メンタルの糸」[148]がどのくらい張っているかということを常に意識しています。いつも張り詰めてメンタルを追い込んでいると「頑張れている」と考えがちですが、張り詰めた状態を続けるといつか「メンタルの糸」は切れてしまいます。限界が来たときに、それを体が自分に知らせてくれるものが「怪我」だと思っています。

張り詰めすぎて糸が切れそうだなと思えば少し緩めてあげ、逆にメンタルが緩んで糸が弛んでいるようなら少し引っ張ってあげる。そうして、「メンタルの糸」がちょうどいい按配で伸びている状態を作るようにしています。

また、僕が大怪我を回避するために身につけたことがあります。それは「危ない！」と思った瞬間に決して踏ん張らず、力を抜いてフニャっと倒れること

---

[148] **メンタルの糸**
僕は基本的にストイックでいることが好き。でもそれでは何度か糸が切れてしまったんです。大学生のときまではとても怪我の多い選手でした。

です。

怪我をしそうな瞬間というのは脳が危険を感じるからか、一瞬スローモーションのように時間が流れます。そして、「このままだと危ない!」と感じます。その瞬間に圧力に対して抵抗しようとするのではなく、そのまま力を抜いてしまうんです。そうすると、接触や捻挫などの力をうまく逃すことができます。

今回の骨折も、この技術を使っていなければ、これくらいではすまなかったと思います。

起きた問題だけを取り上げてはいけない

怪我の捉え方として重要なことがあります。それは、怪我をした箇所に問題があるのではなく、本当の問題は違うところにあるということです。

例えば、タイからファジアーノ岡山に移籍したシーズンオフ、長いオフのため、自主トレをスタートしたときにアキレス腱を痛めたことがありました。痛みを堪えて自主トレを続けたので、炎症も見られるほどになりました。

僕はランニングをしながら、自分の体のバランスを確かめました。そして、ふくらはぎの外側の筋肉が、長く休んだことで使えなくなっているのではないかと考えました。そして、走る前には必ずそのふくらはぎの外側の筋肉に刺激を入れるようにしました。

すると、1週間もしないうちに、アキレス腱の痛みは消えました。通常なら、そのときのアキレス腱は数週間休まなければ治らないほどの状態になっていたと思います。しかし、原因を突き止め、そこに少しだけ手を加えたら、数日で、それもトレーニングを休むことなく治すことができたのです。

結局、どんなこともそうですが、問題が起こったときにその問題だけを取り上げて対処をしても意味はないということです。その問題に繋がった本当の原因を自分なりに考えるということが大切だと思います。

怪我の対処を充分にしても、怪我の状態を70〜80％くらいにしかできないこともありました。

それでも僕は試合に出続けました。最後に頼りにしたのは、サポーターの皆さんが作り出してくれる「スタジアムの雰囲気」でした。最後の20〜30％はスタジアムに入り、サポーターのコールを聞けば補うことができました。

ウォーミングアップのときに激痛が走ることもありました。痛みが怖いほどの状態でピッチに立ったこともありました。

しかし、ピッチに立ち、サポーターの皆さんが張り上げる声を浴び、空を見

関連｜サポーター
↓考察6・20・32・38

て自分も声を張り上げたら、いつも乗り切ることができたのです。

最近のサッカー界ではそんな状態では試合に出させてもらえないのかもしれません。無理をするリスクは当然あり、チームとしては「無理をさせない」という判断が妥当だと思います。

しかし、当時の監督たちは「ダイキがいけると言うならいかせる」と言って送り出してくれました。

その覚悟に覚悟でお返しする。

それが僕のやり方でした。

最後はいつも自分の責任で判断をしました。誰のせいにもすることなく、どんな結果も自分が責任を負うのだと考えていました。

若かったなと思います。そして、熱かったなと思います。

今ではもうそんなことはできません。

(繰り返しになりますが、ここに書いていることは全て、僕の体の話です。体は全て、人それぞれです。決して「体とはこういうものだ」というお話ではありません。ご理解ください。)

関連 覚悟
↓考察31・39

関連 責任
↓考察2・7・12・36・38

PITCH LEVEL

ピッチへの論点 6

成長の仕方

「大事なことは、自分の持っているもの、持っていないものを整理し、
その上で自分の表現の仕方を知っていることで、
何か身体的特徴を持っているとか持っていないとかではありません」

才能がなくても武器を得ることはできる

同級生6人、下手くそでとろい幼少時代

僕の原点は、「自分に才能がないこと」だったと思います。

同級生が6人、全校でも30人程度しかいなかった小学校ではさすがに運動能力の高いほうでしたが、周防大島（山口県大島郡周防大島町）の外にあった周東FC[149]というクラブに入ると試合に出るのがやっと、決して目立つ選手ではありませんでした。当時のチームメイトや指導者、保護者の中にも僕がプロサッカー選手になることを予想した人は一人もいなかったはずです。

僕自身も根っから現実的な性格だったので、「いつかはおれが1番になるんだ！」なんて考えるような子どもではありませんでした。

ただ、負けることは大嫌いだったのです。僕は僕なりに、チームを勝たせるためにできることを考えていました。下手くそでとろい子どもでしたが、誰よ

キーワード・関連記事

関連 才能
→考察14・33

関連 負けることは大嫌い
→考察14・21

りも声を出すこと、体を張ること、戦うこと、そういうところで貢献しようと考えていました。

中学校も全校生徒は30人弱で、男子生徒は全員陸上部という学校だったので、サッカーは土日だけ、(149)大島JSCというクラブでプレーしていました。周防大島では毎年12月に大島一周駅伝という大会が盛大に開かれていて、それに向けて陸上部は毎日随分と走り込みました。また、走り幅跳びが得意だった僕は、春夏の間だけ走り幅跳びの練習にも取り組んでいました（駅伝は体力強化に、走り幅跳びの要領はヘディングに生かされています）。

大島にサッカー部がある中学校はなく、大島JSCのメンバーもみんながそれぞれの部活と掛け持ちでした。土日に部活が重なると来られない人もいるので、ただでさえ各学年5人程度しかいない僕たちは、試合をできる人数を集めるだけで大変でした。

そんな選手層だったからでしょうか、その頃から、どのようにしたら自分たちより力が上のチームに勝てるかを考えるようになりました。

いつからそんなことを考えるようになったかは覚えていないのですが、よく覚えていることがあります。僕たちのチームは、普段から練習も10人程度しか揃わず、少ないときには4人なんてこともありましたが、練習の厳しさはどこ

---

(149) 周東FC／大島JSC

その昔、山口に永大産業というサッカーチームがありました。天皇杯で準優勝をしたこともある、知る人ぞ知るチーム。そのチームの解散に伴い、引退して子どもたちの指導にあたることを決断した2人の男がいました。小崎実、渡邊義成。僕の恩師です。

関連 走り幅跳び

↓考察22

よりも上回っている自信がありました。

だから、大きな町のクラブとの試合では大抵前半から圧倒的に攻められてしまうのですが、そんなときはみんなに静かな声で、

「ここは我慢だ」

と声を掛けながら、だんだん前掛かりになる相手の様子をうかがい、後半の半ばを過ぎたあたりで相手も味方も疲れてきたなと感じたら、

「よし、ここからはうちの時間だ。練習を思い出せ。おれたちのほうが走れるぞ」

と今度は大きな声でみんなを奮い立たせ、一気に相手の裏を突いていく戦いに変えて勝利を収めていました。

最近この頃の自分を思い返すのですが、自分に才能がないことやチームにメンバーが足りないことを嘆いていた記憶はありません。ただ、自分にできること、自分たちだからこそできることで勝負しようを考えていたように思います。

そのような視点で僕のサッカー人生を振り返ってみると、僕が選手として武器にしてきたものは、一般的にはサッカー選手になるためには不利だと思われていることから生まれたものばかりです。

田舎で育ち、サッカーを続けることも難しい環境だったこと。サッカー部が

関連 我慢
↓考察4・5・6・8・11

関連 武器
↓考察9・12・14・22・29

なく陸上部だったこと。勉強との両立。そして、才能がなかったこと。
しかし、それらのおかげで、僕はプロサッカー選手として生きていく武器を手に入れました。

武器は自分になかったものから生み出せる

武器とは、もともと自分にあるものから生み出されるものと思われています。サッカーにおいてよく言われるのは生まれ持ったもので、「スピード」とか、「フィジカル」とか、「テクニック」とかです。しかし、考え方次第で、自分になかったものからも武器は生み出せると思います。つまり、結局どんな人も、どんなことも、自分次第だということです。

だから僕は、サッカー選手を語るときに、生まれ持ったものや身体的特徴で語るものを見るのがあまり好きではありません。生まれ持ったものは、良いと言われるものも悪いと言われるものも、小さいときからそれぞれが選手として付き合ってきたものです。

例えば僕は確かに、高さはありますが、スピードはありません。しかし、そんなものは小学生のときから分かった上で、サッカーをしてきました。それを

関連 両立
↓考察14・29・34

うまく生かせなかったり、うまく隠せなかった場合は問題ですが、それ自体に問題はありません。

選手として大事なことは、自分の持っているもの、持っていないものを整理し、その上で自分の表現の仕方を知っていることで、何か身体的特徴を持っているとか持っていないとかではありません。

僕だけでなく、それぞれの選手には、そこに至るまでには必ず、それぞれに辿ってきた葛藤があり、歴史があります。よく見ていると、ピッチで見せる選手のプレーには少なからず、そうしたものが表れています。僕は、サッカーをプレーするときも見るときも、そこを外さずに、その選手自身と向き合うことが、サッカーを捉える上でとても大切なことだと思っています。

関連 歴史
↓考察36

考察
28

大学サッカーから得たもの。「そこにあるもの」を探す

初めての挫折がサッカーを続けさせた

毎年、秋になると思い出す記憶があります。それは今からもう17年前、高校3年生のときでした。

高校に進学した僕は山口県の岩国高校⑮⓪でサッカーをしていました。野球やバスケットは強い高校でしたがサッカー部は全国大会に出たことすらなく、僕も山口県の選抜チームに選ばれるのがやっとでした。このときも、将来サッカー選手になれるとは思いもしなかったので、その年の10月に熊本で開催される国体（少年の部）が、僕にとって〝全国〟を体験して晴れやかに〝引退〟する舞台のはずでした。

しかし、国体に向けて出発する日の2日前に、足を骨折しました。完全燃焼して、小さいときから続けてきたサッカーにお別れをするはずが、まさかの展

キーワード・関連記事

⑮⓪ **岩国高校**
進学校ですが、たまたま僕の1つ上に西本竜洋さん（元 湘南ベルマーレ）がいて、監督は山口県トレセンの監督でした。巡り合わせに恵まれました。

開に17歳の僕は初めてと言っていい、大きな挫折を味わいました。

「このままではサッカーをやめられない」

僕はセンター試験のわずか2カ月前に突然、志望校を変える決心をし、〝全国〟を体験するために関東1部に所属していた東京学芸大学(151)を受験することにしました(この間に、某私立大学を一芸推薦で受験するものの、書類で落とされるというもう一つの挫折もあったのですが、詳細は割愛させていただきます)。

大学サッカーの門を叩いた僕は、それまで知らなかった〝全国〟と自分との距離を計りながら4年間を過ごし、夢にも思っていなかったプロサッカー選手への階段を上ることとなりました。

「岩政大樹の成長」を振り返ったとき、欠かすことができない経験を得た大学サッカーについて、卒業生として僕の経験をお話ししながら、そのメリットを取り上げてみます。日本は世界的に珍しく、大学サッカーから定期的に代表選手を輩出しています。その実態についても僕なりに考えてみました。

偶然知った「プロのレベル」

全国的に全くの無名の選手として東京学芸大学に進学した僕は、今思えば本

---

(151) **東京学芸大学**
部長の瀧井敏郎先生は日本でいち早くゾーンディフェンスを提唱された方。多くを学びました。

関連 **経験**
↓考察11・28・31

当に下手くそでノロマでした。しかし、たまたまその年、センターバックのポジションが定まっていなかったためすぐに試合で使っていただけるようになり、たまたま関東リーグで3得点を挙げてしまって、たまたまその年1年生があまり試合に出ていなかったため関東リーグの新人王をいただいてしまい、その流れで(152)大学選抜に選ばれてしまいました。

駆け足で駆け上がることは気持ちのいいものですが、そこに実力が伴わなければしっぺ返しを食らうものです。僕は大学選抜でレベルの差を思い知らされ、愕然としました。自分のいるべき場所ではないと痛感し、恥ずかしささえ覚えました。

一方で、僕にとって初めて、プロのレベルというものを知る経験となりました。

当時、大学選抜はJリーガーへの登竜門とされていました。今ほど、大学サッカーにスカウト網が張り巡らされていなかったので、大学選抜に選ばれている者がプロに進み、そうでない者はプロには進めないという感じでした。

つまり、僕は4年間でこの大学選抜のレベルに追い付くことができればプロサッカー選手になれるのだと思いました。このときが、人生で初めてサッカー選手を意識した瞬間でした。

関連 下手くそ
↓考察14・27・33・35・39

関連 センターバック
↓考察12・22・24

(152) **大学選抜**
ライバルは戸川健太(元東京V、横浜FC他)。守備の考え方に共通点が多く、刺激を受けました。

関連 レベルの差
↓考察10・22

そこから僕のプロへの挑戦が始まりました。そしてそれは4年間（そのときからは3年間）の猶予が許された挑戦でした。

この頃、大学の2つ上の先輩、⑮堀之内（聖）さん（元浦和レッズ選手、現フロントスタッフ）がよくおっしゃっていたことがありました。

「4年間は長い。本当に自分が課題に取り組んでいけば、4年間でかなり変われる」

僕はこれがまず一つ目の大学サッカーのメリットだと思います。

プロの世界は、結果の世界です。毎年、あるいは毎週、結果が明確に突き付けられます。その環境にいると、みんな「数年間は下積みのつもり」なんて言いながら、目先の結果をほしがるものです。目先の結果に捉われていると長期的に取り組まなければいけないことになかなか手が出せません。それは若い選手にとってはデメリットになります。

大学サッカーでは、卒業するときにプロで戦えるようになっていればいいという時間的猶予があります。それをマイナスに使ってしまえばただの〝回り道〟ですが、有効に活用することができれば、高校からプロに進む選手にはできない取り組みができるということです。

---

⑮ **堀之内聖さん**
大学で2年間、日々の練習をともにさせていただいたことは財産。プロを意識して日々を過ごせました。

関連 結果
↓考察5・6・9・36・37・39

「4年生」という時間にあるメリット

また、僕自身が大学サッカーで大きいと思うのが、大学4年生の1年間の経験です。大学4年生は言うまでもなく、最上級生です。最上級生であるということは、自分個人のことだけでなく、チーム全体、あるいは部全体を見渡さなくてはなりません。大学サッカーでは、部の予算の策定や運営の仕方まで4年生で話し合って行っているところも多く、その上、プロを目指す者から、サッカーを本格的にやるのが初めての者まで、さまざまな〝人種〟が在籍しており、それをまとめていく作業は大変です。

これがサッカーに打ち込む上で邪魔になる〝回り道〟だと思われるかもしれませんが、それは違います。なぜなら、こうした全体をまとめていく経験こそが、高校からプロに入った選手たちにはできない経験だからです。高校からプロに入った選手たちが、まだ4年目の若手として扱われているときに、大学サッカーでは、チームの中心として全体をまとめ、〝チームのため〟という意味を否が応でも学んでいく経験ができるのです。

大学サッカー出身の選手たちの中に、Jリーグの各クラブで、チームの歯車

関連 チームのため
↓考察35・38

として〝効いている〟と言われるような選手が多いのはこのことが大きく関わっていると思います。

ほかにも、大学選抜に入れば数多くの海外遠征も組まれていて、ユニバーシアードなどではさまざまな国の代表と戦うという経験ができます。

サッカー部の活動だけでなく学内での出会いや交友関係から、さまざまな価値観や考え方に触れることができ、横の繋がりや縦の繋がりを広げていくこともできるでしょう。

当然ですが、大学で学べることは少なくないのです。

だからと言って、大学サッカーに進んだほうがいいとか、逆にプロサッカーに少しでも早く行ったほうがいいとか言うつもりは全くありません。

ただ、プロに入りさまざまなキャリアの選手を見ながら、僕が思うのはただ一つで、どこに行っても、「そこに行ったからこそできること」を増やしてきた選手が伸びていくということです。

大学サッカーには大学サッカーの、Jリーグには Jリーグの、海外には海外の、そのチームにはそのチームの。そこにないものを探すのではなく、そこにあるものを探し、自分のものにしていく。そのことだけで、同じ経験をしても随分と選手の〝その後〟は変わっていくように思います。

関連｜キャリア
↓考察32・35

考察
29

岡崎慎司と内田篤人から見るプロ選手としての成長論

岡崎慎司に感じたプロとしての「成長」

僕は、ほかのプロ選手とは違った道を歩んでここまで成長してきたと思います。だからでしょうか、成長というものについていろいろと考えることがあります。ここ数年で強く感じる「プロ選手の成長」についてです。

昨シーズン（2015～16年）、岡崎（慎司）選手が所属するレスターがイングランドのプレミアリーグを制しました。いつまでも語り継がれるであろう、奇跡とも言える偉業だと思います。僕はこれまで、（特にリーグ戦では）優勝を目指していないチームは、優勝争いはできたとしても優勝はできないという持論があったので、この結果には少なからず驚きがありました。

プレミアリーグの優勝に貢献し、日本代表でも100キャップを達成する

キーワード・
関連記事

など、いまや日本を代表する選手となった岡崎選手ですが、彼はプロサッカー選手になるまでそれほど注目された選手ではなかったそうです。とは言っても、高卒でプロに入ることができている時点で僕なんかよりは当然目立ってはいたのでしょうが、ただいわゆるエリートと言われる選手ではないことは本人も語っているように明らかです。

　では、なぜ彼はここまで上り詰めてこられたのでしょうか。そして、何が「その他大勢」の選手との違いとなったのでしょうか。

　僕は、岡崎選手が日本でプレーしていたときには何度も対戦経験がありますし、日本代表ではチームメイトとして（ほんの少しですが）プレーしました。はじめはそれほど印象にありませんでしたが、対戦する度に厄介な相手となっていき、清水エスパルスでヨンセン選手と組んでいたときはJリーグで抑えるのが最も難しいコンビの一つでした。

　海外に活躍の場を移してからも着実にステップアップしていき、プレミア王者まで辿り着くとは、あっぱれと言うしかありません。

　そんな彼の最も優れている点と言えば、僕はバランス感覚だと思います。今自分にできることと、できないこと。今自分がやるべきことと、やらないでおくべきこと。そのバランスをその時々の自分と向き合いながら、常に調節して

関連｜バランス
↓考察13・14・19・34

いるように見えます。

「成長」は、プロに入るまではサッカーに打ち込んでいればある程度、自然に手に入ります。体も大きくなり、目の前の練習や試合に打ち込んでいれば、技術もサッカー脳も身についていくでしょう。

プロに入って変わる「成長」の意味合い

しかし、プロに入ると「成長」の意味合いが少し変わります。プロに入るまでの「成長」が、「自分が持っているものを増やしていくこと」だったのに対し、プロに入ってからの「成長」とは、それに加え、「自分が持っているものを試合の中で表現できるようになること」に変わります。

それはより詳しく言えば、「今できることの整理」と「〝具体的に〟できることを増やすこと」になります。つまり、ただ漠然とサッカーを頑張っていればサッカーがうまくなる時代は終わり、より具体的に、自分のプレーの表現の仕方を考えていかなくてはいけないということです。

岡崎選手に当てはめて考えてみると、彼がしてきた「今できることの整理」とは、エスパルスで試合に出始めたとき、エスパルスでレギュラーに定着し始めたとき、日本代表に選ばれるようになったとき、日本代表でエースになったとき、ドイツに行ったとき、ドイツに慣れてきたとき、ドイツで結果を出せるようになってきたとき、イングランドに行ったとき、という風に（区切るともっと細かく区切ることができますが）段階を追いながら、その時点の自分に何ができるか、どんな選択をすべきかをしっかりと整理し、そして自分で判断をしてプレーしてきているということです。

そして、その今、置くべきバランスを調節しながら、同時に、将来にわたっては「相手の裏を取るタイミングやスピードを上げること」、「ボールを収めること」、「ターンすること」などと、〝具体的に〟自分にできることを増やしていく努力を重ねてきたように見えます。

例えば、ロシアW杯二次予選アフガニスタン戦で見事なターンからのゴールを決めたのは皆さんの記憶にもあると思いますが、僕のイメージの中の岡崎選手はこうしたプレーを以前からしていたわけではありませんでした。きっと新たな壁と向き合いながら、プレーの幅を広げていくために練習などで意識して取り組んでいたのでしょう。具体的にできることを増やしたことで、これまで整理していた「今できること」にまた一つ武器を増やしたわけです。

その結果、周りで見ている人からは、「岡崎選手はプロに入って誰よりも成

関連 判断
↓考察11〜15

関連 幅
↓考察1・4・13

長した」と言われるようになったのだと思います。

これは岡崎選手だけでなく、僕が出会った、プロに入って伸びていく選手の共通点とも言えるかもしれません。

印象深いのは、⑭内田（篤人）です。

できないことはやらない内田篤人のすごさ

彼は、僕が3年目のシーズンに、即戦力というよりは、将来性を買われて鹿島アントラーズに加入してきました。大卒で入団した僕とは6歳の歳の差がありました。

まだあどけなさの残る華奢な高校生、という感じでしたが、当時のアウトゥオリ監督に見出された内田選手は、開幕スタメンを飾りました。彼は右サイドバックで、僕はその隣を担当していたので、自然に彼の面倒を任されました。

僕も加減を知らず指示を出していた頃です。その頃の鹿島のスタメンに年下が入ることはあまりなかったので、今思うと彼には随分厳しく当たった気がします。特に、守備のポジショニングや考え方については口うるさく指示していました。

---

⑭ **内田篤人**
弟のような存在でした。はじめは随分世話をしました。独り立ちしてからは、逆にベタベタするのが気恥ずかしくなり、つるむこともなくなりました。今ではフラットに話ができる存在です。

それに対して、内田選手は、いつも大体左手をそっと挙げながら、「分かりました」というジェスチャーをしていました。頭のいい選手なので、僕が言っていることは理解していたと思います。しかし、試合では、自分の中で理解はしていても今できないと判断したことはしないのです。しっかりと今の自分にできることとできないことを区別した上で、自分のリズムを崩さない程度に、少しずつ取り入れているように見えました。

結果、2年間コンビを組んだあたりでしょうか。僕が彼に言うことは何もなくなっていました。たとえ問題があっても、二人で目線を合わせたり、一言交わせば全てを分かり合える関係だったと思います。あとにも先にも、あそこまで僕の守備の考え方を理解して実践できた選手はいませんでした。

こうした選手たちと接してきて思うのは、プロになってからの差とは、自分にできることとの表現の仕方を知り、できないことの隠し方を知っているかどうかだ、ということです。何かを持っている、持っていないとかではないのです。

僕たちは成長が止まってしまえば、小さいときからずっと続けてきたサッカーをやめなくてはいけません。それは若い選手もベテランの選手も同じです。

ピッチの中で自分を表現するために、それぞれがその時々で考え、取り組む「成長」の形に、その選手の生き方や考え方が表れているように思います。

関連 リズム
↓考察1・6・8・20

関連 守備
↓考察14・19

関連 生き方
↓考察14・35

考察
30

「2年目のジンクス」の理由。待つことの重要性

変化が起こらなくなること

先日、ある本をインターネットで購入しました。僕はその本を読むのをとても楽しみにしていたので、発売日に到着を待ちきれなくなって、ポストを何度も開けてみました。

それを何度か繰り返したときにふと、そわそわしている自分を客観的に見る瞬間があり、「待つことがどんどんできなくなってきているな」と突然冷静になった僕の頭に「2年目のジンクス」という言葉が浮かびました。

2年目のジンクスとは、スポーツの世界でよく使われる言葉ですが、1年目で活躍した選手が2年目で調子を落とすことを言います。

2年目のジンクスとは実際に存在するのか。それは一体どのようなものなのか。

キーワード・
関連記事

ファンの方からすれば「1年目にあれだけ活躍していたのに」と批判を通り越して疑問で語られることも多い「2年目のジンクス」について、キャリアの中で見てきたいろいろな選手や自分の体験などから、選手目線で考えてみました。

僕は2004年に鹿島アントラーズに加入しました。1年目の終盤にスタメンで試合を重ねることができるようになり、2年目には1年間を通して試合に出ることができました。最終節まで優勝を争うこともでき、僕にとっての2年目は、タイトルこそ取れなかったものの大きなステップとなった年でした。

言われているような「2年目のジンクス」を味わう選手もいれば、そうでない選手もいます。結果が出ない選手ばかりでは、当然ありません。内田（篤人）選手も2年目の2007年に19歳ながら優勝に大きく貢献しました。

では、「2年目のジンクス」とはなんでしょうか。

結論から言うと、僕は「2年目のジンクス」とは、2年目に「結果が出なくなること」ではなく、「変化が起こらなくなること」ではないかと考えています。

1年目とは、新しいことを始める年なので、何事もそこには大きな変化が伴います。選手個人にとっても新しい経験ばかりですが、チームにとっても新戦

関連 キャリア
↓考察13・22・28・31・32

力はいつも新鮮な風をもたらしてくれます。

それに比べれば、当然、2年目に大きな変化は起こりません。たとえ、小さくない変化が起こったとしても、1年目に比べれば些細なことに映ります。

そこに落とし穴が潜んでいるように思います。

客観的に見れば、平均への回帰という見方もできますが、選手の立場から捉えるともう少し根深い問題があります。

問題となるのは「変わることへの期待」です。〝待つ〟ことができないのです。

つまり、1年目に訪れた刺激的な新しい経験から、その後もあらゆることが変化していくことに期待しすぎてしまうのです。待つことができなくなって、焦りを生み、本来はより強固な土台を作るべき2年目に〝そわそわ〟してしまって、ポストを何度も見に行った僕のように、意味のないことを繰り返してしまいます。

これこそが2年目のジンクスの元凶であり、選手を惑わす原因になりうる理由なのだろうと思います。

僕が20代半ばから取り組んできた、あらゆるトレーニングを通して感じてきたことがあります。

それは、どんなトレーニングも、新しいことを始めた1年目には大きな変化

関連 **落とし穴**

→考察5・9

を感じることができるのですが、2年目にはそれほどの変化を感じなくなるということ。そして、その変化が起こらない2年目を越えることができるかできないかで、その後が大きく変わってくるということです。

刺激的な1年目と苦痛の2年目

僕は20代半ばに、〝そのままの自分〟の限界を感じ、さまざまなトレーニングを試しました。勉強もしました。自分を変えなければという思いから、リスクを恐れず、変化を望みました。

あらゆるトレーニングやあらゆる本は、ほぼもれなく何かしらの変化を僕にもたらしてくれました。最初は、新しい自分を発見したようでワクワクさえしました。

しかし、どんなトレーニングも2年目を迎える頃には、変化らしい変化を感じなくなりました。刺激的な1年目の変化を続けていきたい自分には、ときに苦痛でもありました。

ただ、僕はそこでトレーニングをやめませんでした。〝待つ〟ことができたのです。新しい知識を入れることもやめませんでした。変化を感じずとも、とにかく「やり続けよう」としていました。

するとそれを3年、4年と続けていった先に、(感覚的で申し訳ないのですが)それまで続けてきたいろいろなトレーニングや学びの全てが繋がっていくような感覚を覚えるようになり、真理に出会った気がするようになりました。

体がその感覚に出会って以降、僕は怪我をするどころか、どこかに張りを覚えることさえほとんどなくなりました。

ターニングポイントは2年目にあったように思います。続けることに疑問が湧いたり、もっと大きな変化を望む気持ちが焦りを生むときもありました。

「あのとき続けることができて本当に良かった」

そう思っています。

ほかの多くのサッカー選手もみんなそうでした。今ではあらゆるトレーニングが考えられていて、サッカー選手もそれぞれがさまざまな取り組みをする時代になりました。その中で、みんな2年目に大きな変化を感じなくなるようです。

そこで、そのままそれを続ける選手と、「変化が起こらないなら意味がない」とやめてしまう選手に分かれます。

勝負はここにあるのだと思います。

関連 やり続けよう
↓考察2・34・39

関連 怪我
↓考察26

2年目とはそもそも変化があまり起こらない年だと理解することが大切だと思います。そして変化が起こらないこと、そこで〝待つ〟ことこそが次へのステップなのだと思います。

劇的な変化を経て迎えた2年目に変化が見えなくなると、「取り組んできたことの本当のところをもう分かった」と捉えがちですが、それは違います。見えているのは表面上にあるタイトルみたいなもので、そこに隠された内容（本質や真理みたいなもの）はそのときには分かっていません。

変化が起こらない時期を乗り越えた先に訪れる、繋がる感覚。

スポーツの世界では「ゾーン」とか「ランナーズハイ」とか、苦しさを乗り越えた先に辿り着く世界がありますが、トレーニングにおいても、変化が起こらない時期を待つことができた先にやっと見える世界があるのです。

キャリアにおいてその感覚を味わえたことは、タイトルの味を味わえたことと並んで、僕のサッカー選手としての一番の財産だと思っています。

今、僕は新しい挑戦の中、刺激的な毎日を送ることができています。しかし、この感覚がいつまでも続くわけではないことを知っておかなくてはいけません。

そんなときに落ち着いて〝待つ〟こと。そして、やるべきことを地道に続けていくことができる自分でありたいと思っています。

関連 **新しい挑戦**

↓考察11・32・35

考察
31

経験は成長をもたらすのか

「選ばれない」ことも一つの経験になる

プロサッカーの世界には「4年に一度」の大舞台があります。W杯、オリンピック……世代別のW杯もそうです。２０１６年にはリオデジャネイロオリンピックが開催され、日本代表は善戦むなしく予選敗退となりました。ファジアーノ岡山からは矢島（慎也）選手が選ばれ、鹿島アントラーズ時代の後輩、植田（直通）選手もブラジルの地でさまざまな経験をしました。彼らがオリンピックでどのような経験を積み、何を感じ、そしてここからどのような選手になっていくのか、これからが楽しみです。

一方、18人という狭き門の中でメンバーから外れてしまった選手たちにも同じようなことが言えます。「選ばれない」という経験も一つの経験です。そして、「選ばれないという経験」もまた、選ばれた選手にはできないものです。同年

キーワード・関連記事

関連 経験

↓考察11・28

代が世界に挑む戦いを「見ることしかできない」という経験をどのように生かしていくのでしょうか。

思えば5年前はロンドンオリンピックの日本代表に落選した大迫（勇也）選手が、それを境に一気に〝覚醒〟し、鹿島のエースストライカーへと変貌していきました。「ゴールを奪う」ということに妥協することがなくなり、有無を言わせず、ゴールという結果で存在を示していく覚悟をプレーからも表情からもうかがえるようになりました。

リオ大会は「選ばれないという経験」をすることになった、ファジアーノでチームメイトだった⑮豊川（雄太）選手に聞いた話では、今回のオリンピックメンバーにはこの大迫選手の例がみんなに話されたようです。オリンピックは大きな大会ですが、サッカー選手にとっては一つの通過点に過ぎません。オリンピックを境に、この経験をどのように生かしていくのか。日本代表に選ばれた選手、選ばれなかった選手、いい経験をできた選手、できなかった選手。それぞれの経験の生かし方に注目していきたいと思います。

若い頃、無名だった僕は当然、オリンピックには出ていません。年代別の日本代表にも選ばれたことがなかった僕は、日本代表に入るまで、同年代の日本のトップ集団とプレーする機会さえありませんでした。そのため、今となって

関連｜**ゴールを奪う**
↓考察9・14・22・25

⑮ **豊川雄太**
鹿島時代「新人を口説いてる」とよく言われましたが、僕は相談には乗りますが、誰かを誘ったことはありません。ただ、豊川が鹿島から岡山に移籍したときだけはしつこく勧誘しました。豊川にとっても岡山にとっても、そして僕にとってもいい移籍になることは間違いないと思っていたからです。

関連｜**日本代表**
↓考察39

は笑い話ですが、日本代表に初めて招集されたとき、同い年の闘莉王選手や松井（大輔）選手などは僕に敬語で話してきました（同い年ではないと思われただけでなく、見た目で年上と判断されるとは！）。

経験の大切さは言うまでもありません。しかし、僕は「何を経験するか」ではなく、「その経験をどのように生かすか」が大切だと言い聞かせてきました。そうでもしなければ、同年代のトップには追い付けないと思ったからです。

だから同時に、経験とはどういったものなのか、何を作り出してくれるのかについて意識して考えてきました。若い頃にさんざん「センターバックには経験が大事だ」と言われ、経験のなかった僕はそれに反発するような気持ちを持っていましたが、今となってはその大切さを痛感する日々です。

ということで、僕なりの「経験」論を書いてみます。経験は成長における大きな糧となることを、言葉で知ってもらいたいと思います。

経験によって「経験していないこと」を変える

まず、経験とはつまるところ、「サンプル集め」です。あらゆる経験をすればするほど自分の中で「経験していないこと」が「経験したこと」に書き換えられていきます。そして、その集まったサンプルが、さまざまであることで、起こる出来事に対応する力が身に付いていきます。

サッカーにおいては「同じ場面は二度と来ない」と言われますが、実際には似たような場面ばかりが起こります。選手は自分の経験の中で見た同じような局面をイメージしてプレーしています。そのサンプルが多ければ多いほど動じることは少なくなります。センターバックに経験が必要だというのは当然のことなのです。

ただ、サンプルの振り分け方には個性が出てきます。何度か書いてきたように、サッカーは同じ場面を見ても見方によって捉え方はさまざまです。その新たに得たサンプルを、自分のどこのフォルダに保存するかで、その人の経験の形が変わってきます。

例えば、相手に崩されたわけではなく、偶発的とも言える失点を許した場面があったとします。ある人はそれを「不運」と呼ぶでしょう。「崩された失点ではない」という試合後によく聞かれる言葉でそのまま受け流す選手もいるでしょう。

しかし、「そこに至るまでの過程に問題があったんじゃないか」、「もっとスピードやパワーを付けていれば、防げたんじゃないか」、「未然に事故を防げる

関連 センターバック
→考察12・22・24

関連 崩された
→考察1

関連 不運
→考察1・19

関連 未然に事故を防げる
→考察20・21

ところに立つことができたんじゃないか」「その時間帯にチームを引き締める声を掛けたら良かったんじゃないか」……考えればいくらでも理由は出てくるのです。

考えすぎることを推奨しているわけではありません。ただ、同じ場面を経験したとしても、そこから何を考えるかによって、その後の選手像は大きく変わってくるということです。

「経験したこと」を生かすために

オリンピックなどの大きな経験を得る機会のなかった僕が大事にしてきたのは小さな経験でした。それは毎日の練習でいくつもできる経験です。

鹿島に加入して間もない頃、小笠原（満男）選手や本山（雅志）選手、野沢（拓也）選手といったこれまで経験したことのなかった魔法のようなプレーをする選手たちと対峙しながら、僕はいつも悩んでいました。練習後のロッカールームやシャワールームで一人、何十分も考え込んでいたので、先輩方が心配して「お前大丈夫か？」と声を掛けてくださるほどでした。

このとき頭を巡っていたのは、この選手たちのレベルに追い付くには何をす

関連 **レベル** ↓考察10・20

べきか、ということ。そして、そのために自分の守備における「ビジョン」を確立していくことを急いでいました。

身体能力も技術も到底及ばない僕は、自分のポジショニングと味方の選手の動かし方で勝負しようと考えていました。どこに立つべきか、誰をどこに立たせれば自分が（チームが）守れるか。うまくいかない経験を繰り返しながら、自分なりの「ビジョン」を書き換え、そして練習でまたみんなに挑む毎日を繰り返しました。

僕のこうした作業は、小さな経験の積み重ねで、すぐに何かを大きく変えてくれるものではありませんでした。しかし、僕の「ビジョン」作りは確実に、サッカー選手として生きていく拠り所となりました。

先日、「経験」について書かれた本を読んでいたら、そのことと繋がる記述を見つけました。

「経験とは、断片的に見ていたものを複合的に見られるようになること」

なるほど、と思いました。

若い頃の僕は、ビジョン作りのために自分のポジショニング、味方のポジショニング、そして対応の仕方など、起こった一つの場面をあらゆる角度から捉えるようにしていました。それが歳を重ねる中で、同時に全体を捉えて、全体

関連 ビジョン
↓考察3・12・24・27

関連 あらゆる角度から捉える
↓考察1・11

を一気に把握することができるようになっていました。全体をぱっと見て、そこから違和感のあるところを詰めていくようになっていったのです。

僕の中で作り上げたプレーのビジョンは、確実に経験として生かされ、そして僕の「経験」を積み重ねてきたのだと思いました。

経験とは確かに選手にとって必要なものだと思います。ただ、経験すれば何かを得られるというものでもありません。「経験したもの」では差は生まれないのです。もっと言えば、経験したからといって成長できる、というわけでもない。

大事なことは「経験したことをどう生かすか」。そのためには、正解かどうかは置いておいて、一つの出来事をあらゆる角度から考えてみることが大切だと思います。そして、失敗も繰り返しながら、その「あらゆる角度」がどこか自分の中で一つに繋がる感覚を持てるようになったとき、花開いていくものなのだと思います。

考察
32

セカンドキャリアの考え方

引退、副業を考える

ファジアーノ岡山を退団し、東京ユナイテッドFCへ加入するという新たな挑戦がスタートし、8カ月が過ぎました。望んでいたような、忙しい日々が続いていています。サッカー選手だけをしていた昨年（2016年）までとは生活のサイクルも全く違います。気持ちの余裕も今はありません。しかし、新たに始まった日常をとても楽しんでいます。

サッカー選手という仕事を続けながらコーチ業をスタートさせるだけでなく、執筆活動をはじめ、解説業、講演会、テレビやラジオにも出させていただきました。同時に、今年はライセンスの取得も目指していますし、英語も学んでいます。

よく僕たちの世界では、引退したあとを「セカンドキャリア」として語られ

キーワード・関連記事

関連｜日常

↓考察7・8

ますが、今、僕はその言葉でいうところのファーストキャリアなのかセカンドキャリアなのか分からない状態です。

このような、引退前と引退後とにのりしろを付けたような年を作ろうと思いついたのは、ファジアーノ退団を発表して1週間ほどした頃だったと思います。

僕の成長に密接に結びつく、「サッカー選手という仕事」についてのお話から、今に至ったキャリアの考え方を書いてみようと思います。


サッカー選手とは幸せな仕事だと思います。今、自分のキャリアを振り返って、「うん。幸せな時間だった（あえて、過去形で）」と言うことができます。

子どものときから一番好きだったことをするだけで1日を過ごすことができ、応援してくださるたくさんの人の想いを形に変えることができる仕事です。スタジアムを埋め尽くす人、人の中で一心不乱にプレーし、みんなで結果を勝ち取ったときのあの熱狂は、これからの人生で決して味わうことはないでしょう。

鹿島アントラーズで連覇を果たした2008年のホーム最終戦、ジュビロ磐田との試合で決めたロスタイムでの決勝点は僕のキャリアのハイライトです。あの日あのときあの空間でスタジアム全体が「一つ」になったとき、空に

関連 2008年
→考察6・8・15・37

関連 成長
→考察27・29・31・33

は虹が架かっていました。

そんなテレビドラマのような瞬間を味わうことができたことだけでも「幸せ」と言うほかありません。

ただ、全ては「No Pain No Gain」。勝ちがあれば負けがあります。得られるものがあれば、失うものもあるのです。

一つの勝利の陰には、たくさんの苦悩がありました。勝ったときに多くの人が喜んでくれるということは、負けたときに多くの人が悲しむということです。いいプレーに多くの賛辞をいただくということは、悪いプレーには多くの批判を受けるということでした。

仕事のミスを何万人という人が目にし、評価され、批判されます。否が応でもさまざまな意見を目にする時代となった今では、こうしたプレッシャーとの付き合い方が、プロサッカー選手としての一番の難題かもしれません。

だから、率直に言って、若いときはサッカー選手という仕事を好きになれませんでした。選手たちもプロとして、まず自分を大事にプレーしているように感じていて、自分には合わない世界だとも思っていました。

「期間限定だと思おう。頑張って輝いて30歳くらいでやめればいい」

そんなことを思っていたのに、35歳となった今でも必死に選手を続けている

関連 No Pain No Gain
→考察34・39

のですから、人は分からないものです。

「なぜ続けるのか？」

と聞かれたら、

「期待してくださる人がいるから」

と答えるしかありません。

キャリアの中で、特に30歳を迎えてからでしょうか、サポーターの皆さんやチームメイトたち、そして多くのサッカー人たちとの強い結びつきを感じるようになった僕は、次第に選手をやめられなくなりました。

描いた道筋で終わらなかった現役

また、キャリアを進める中で誰しもが直面するのが「引退」という課題です。やはり30歳を過ぎたあたりから、同年代の選手たちとの会話の多くが「引退したらどうするの？」から始まるようになりました。引退を現実的に考えるようになったのだと思います。

引退後が現実的にイメージできるようになってからは、新しい経験の必要性を感じるようになっていきました。鹿島という居心地のいい場所から飛び出す

関連 サポーター
→考察6・20・26・38

決断も、そこからスタートしていました。

サッカー選手は多くが20代で引退を迎えます。35歳を現役で迎える者は一握りでしょう。僕はそもそも長く続けることが必ずしもすごいとは思っていませんが、いずれにしても遅かれ早かれ引退をし、選手として過ごした時間よりも長い時間をその後に迎えます。

そのとき、僕は一つのチームしか知らない人間でいることはとても危険に感じました。だから、これまで書いてきた通り、鹿島とは〝できるだけ違う〟場所を探し、それが僕の中でタイであり、岡山でした。

タイとファジアーノでは、僕が望んだ経験ができました。僕が選手として「やりたい」と思っていたことをやらせていただきました。

その時点で僕は、自分のキャリアが終わりに向かって行っていると感じていました。

「ファジアーノ岡山をＪ１に上げて、Ｊ１でもう一度プレーして引退」

僕が描いた夢は、僕の中で一番真っ当な形だと思っていました。しかし、それは叶いませんでした。

一サッカー選手としてやりたいことは全てやりました。ファジアーノ退団を決めたとき、「サッカー選手を続けられるから」という理由だけで選手を続け

関連 **できるだけ違う**
↓考察10・11

関連 **タイ**
↓考察10・31・37

るつもりはありませんでした。新たなモチベーションとなるものを探していたのです。

そんなときに舞い込んできたのが、いくつかのまだJリーグに上がっていないチームからのオファーでした。チームにはアマチュアの選手がほとんどです。一選手としての期待ではなく、チームを大きく動かすことへの期待からでした。

同時に浮かんだのは、ファジアーノでの2年目に始めた執筆活動のことでした。

執筆活動は自分から「やりたい」とお願いして始めたものでした。サッカー選手として引退を迎えたときに、何か具体的に〝やり切ったもの〟を残したいという思いから動いた企画でした。

誤解を恐れずに言うと、サッカー選手は暇な仕事です。正確には、(156)拘束時間の短い仕事です。試合がない日は、約2時間の練習時間以外は、いわば自由時間です。

当然、練習の準備や自主トレ、体のケアなどをしますが、それでも1日の中でゆっくりする時間は作れます。サッカーはメンタルが大きく影響するスポーツなので、その時間も大切な時間ではあるのですが、僕はその時間に何かがしたいと考えるようになりました。それは引退後だけでなく、選手としての自分

関連 執筆活動
↓考察35

(156) **拘束時間の短い仕事**
加地亮さんには当てはまりません。あの人は早朝、人が起き始める前からクラブハウスにいます。

関連 メンタル
↓考察1・11・12・16・20

にもきっとプラスになると考えました。そこで昨年（２０１６年）始めたのが、この本のもとになった連載でした。

アマチュア選手たちの所属するチームに行けば、その自分の新しい試みを推し進められると思いました。つまり、ほかのアマチュア選手たち同様、練習時間以外ではさまざまなことに取り組み、その上で練習にも全力で取り組む。そのほうがほかのアマチュア選手たちとも理解し合えるのではないかとも考えました。

ありがたいことに、東京ユナイテッドもお断りしてしまったチームも、この僕のプランに賛同してオファーしてくださいました。

今は新しい生活リズムに慣れていきながら、それぞれが決して中途半端になることなく、全てに全力で取り組めるバランスを模索しています。

今の自分と向き合うこと

サッカー選手における考察で、ときに、「サッカー選手でいるうちにほかのことをすべきか否か」という議論を目にします。「サッカー選手でいるうちは選手に集中すればいい」という意見も、「いや、サッカー選手は時間があるの

関連 バランス ↓考察13・14・26・29

だから何かすべきだ」という意見もあります。

僕はもともとは前者で、途中から後者になりました。

その経験から思うのは、大事なことは「どちらが正解か」ではなく、自分でどちらの選択肢も持った上で「判断しているか」だと思います。

「選手に集中すべき」という選手もいるでしょう。しかし、ただ「サッカーをしているだけが楽だから」、「ほかのことが面倒だから」といって「何かをする」という選択肢を端《はな》から排除していると間違ってしまう気がします。

「何かをするべき」だという選手もいるでしょう。

しかし、本分はサッカー選手で、ほかのことをすることでサッカー選手としてのモチベーションを落としてしまうなら、それももちろん違います。

結局は、今の自分と向き合うことだと思います。そして、「今を生きる」という感覚を持つことができるなら、それが正解だと思うのです。

ファーストキャリアもセカンドキャリアも僕の一つの人生です。区別するべきものもありますが、続いていく人生の中で考えるのはいつまでも成長をしていたいということです。引退は通過点です。選手として持っていた仕事への姿勢、成長への考え方を途切れさせることなく持ち続けたいと思っています。

関連 経験
→考察11・28・31

関連 正解
→考察1・2・16・31・37

関連 選択肢
→考察11・12・13・14

関連 今を生きる
→考察14・28

考察
33

夢は持つべきものなのか

夢を持つことは素晴らしいけれど……

「夢を持つ」

素晴らしいことです。

夢を持つことは明日への活力になります。まだ知らない自分の限界を大きくしてくれます。限界を大きくできれば、人はどこへだって行けることを多くのアスリートが証明してくれています。

一方で、僕には子どもの頃からずっと疑問がありました。

「夢は持たなくてはならないものなのだろうか」

先にも書きましたが、僕は、山口県は瀬戸内海に浮かぶ、周防大島という小さな島に生まれました。実は「小さな島」と言うほど小さくはないのですが、

キーワード・
関連記事

それでも小学校の同級生がたった6人という「ど」が付くほどの田舎で育ちました。

これは僕の性格の問題でもあるのかもしれませんが、それほどの田舎で育つと「夢」と「現実」とはなかなか結びつきません。小さい頃の僕にとっては、広島に行くことさえ一大事だったので、大阪や東京などは遥か遠くの世界に感じられ、ましてやテレビで見ていたJリーグとなると現実離れしていて、目指す場所として捉えることなどできませんでした。

だから、卒業文集などで「夢は何?」と聞かれれば確かに「Jリーガー」と答えてはいましたが、僕の中では「Jリーガーになるためにサッカーを頑張る」という感覚は大学生になるまで一度も持ったことがありませんでした。

だから、僕は子どもたちに「夢を持とう」と言うのはいつもためらってしまいます。僕はサッカー選手を夢見て、その夢を叶えたわけではないからです。むしろ気が付いたら夢が叶っていたのです。

つまり、夢を「叶えた」というより「叶った」。

「成長」について最後に考察するのは、夢の「叶え方」と「叶い方」です。

夢を追いかけることは山登りに似ていると思います。「夢が叶う」とは山の

関連 **成長**
↓考察25・27・29・31・32

頂上に辿り着くことです。

人によって、山の登り方は二通りあると思います。

一つは多くの「夢を叶えた」と言える人たちが成し遂げた登り方です。頂上を見据え、その景色を見るために上を向いて歩いて行きます。目指す場所（＝頂上）が明確だから、少々のつまずきも気になりません。諦めることなく、その目標に向かって、上を見て歩いていきます。

僕は違いました。もう一つの登り方です。

頂上など見ていませんでした。頂上の景色など、想像することさえできませんでした。僕にあったのは、ただ、「サッカーがもっとうまくなりたい」、「試合に勝ちたい」、ただそれだけでした。足元を見て、目の前の斜面を前に、ただ次の一歩をどのように歩いていこうかと考えていただけでした。あるとき声を掛けられて顔を上げてみると、気付かないうちに目の前の視界が拓《ひら》けていて、頂上から見る美しい景色が広がっていたのです。

僕も端からこのような歩き方を選んだわけではありません。環境や性格、そして僕には才能がなかったことも大きかったと思います。僕はこうした歩き方でしか山を登れませんでした。

ただ、この経験の中で思ったことがあります。

関連 才能がなかった
→考察14・27

夢を持つことは素晴らしい。それに向かって頑張ることは素晴らしいことです。

しかし、夢を明確に描けなくても構わない。夢を持つことは、日々を少しでも頑張る自分になるための手段であり、目的ではないのです。

だから、僕は子どもたちには「夢を持とう」と言う代わりに「好きなことを思い切り頑張ろう。嫌いなことも一生懸命頑張ろう」と話すようにしています。

夢へ上る3つの観点

ただ、注意が必要なこともあります。頂上の場所が明確ではないため方位磁針が必要です。ブレたり、道に迷ったりしないように、判断をしていくときの自分なりの基準を持っておかなくてはなりません。

僕の場合はそれを3つの観点で定めてきました。

一つ目は、「〜だからこそできること」を選ぶことです。

「〜」にはいろいろな言葉を入れることができます。「自分だからこそできること」、「今だからこそできること」、「ある出来事が起こったからこそできるこ

関連 判断
↓考察11〜15

関連 〜だからこそできる
↓考察27・28

と」など。これらは自分の個性や経験をより際立たせてくれます。

特に、「ある出来事が起こったからこそできること」はいつも意識していることです。簡単に言えば、「諦めないこと」＋「次に生かすこと」です。

僕は高校3年生のとき、プロサッカー選手になれると思っていなかったので、本気でサッカーをするのは高校で最後と決めていた、と先に書きました。それが骨折という思いもよらない事態にサッカーを続けることを選択します。

あの骨折は、僕の人生の中で初めてと言っていい、大きな挫折でした。そこで歩みを止めたら、悔しい思い出としてだけ残っていたはずです。しかし、今では、「あの骨折があったからこそ今がある」と思えています。

このこと以来、僕は「No Pain No Gain」を座右の銘と決め、どんな出来事も、その出来事が起こったからこそできることがあると考えてきました。だから、鹿島アントラーズを去る年となった2013年シーズンで試合に出られなくなったときは、かねてより考えていた海外挑戦を選びました。フアジアーノを去るときもJ2でもう一度プレーすることは考えませんでした。

そうした選択をしていれば、どんなにマイナスな出来事もその後の自分次第でプラスに転じる可能性があります。Pain（痛み）をGain（得る）に変えることができるかもしれないのです。

関連｜No Pain No Gain

↓考察34・39

めんどくさいことは自分を大きくする

2つ目は、「めんどくさいこと」を選ぶことです。

これは先日、(157)ある大先輩も同じことを言っていて共感したのですが、自分が第一印象で「めんどくさい」と思ったことは必ず、それをすることで自分を大きくすることができます。このことに気付いたのは、引退を意識し始めた30歳の頃だったと思います。

僕はそれまで、どちらかというと自分の殻にこもり、居心地のいい場所にいたがる人間でした。知らない人に会うことは極力避けていたし、環境を変えることをできるだけしたくないと思っていました。

しかし、将来への不安と自分の成長を考えたときに、必要なことは自分のテリトリーの中を飛び出して、新たな経験をすることだという考えに至りました。それからタイへ渡り、ファジアーノ、そして東京ユナイテッドとできるだけめんどくさいこと（＝全く新しい経験）を選んできて、その思いは確信に変わっています。

だから、仕事において、あるいは日常生活において、「めんどくさい」と自

(157) **ある大先輩**
中西哲生さんです。プロ2年目に初めてお会いしてからずっとお世話になっています。なぜお付き合いさせていただくようになったのかさえ覚えていません。ただ何か感じ合うものがあったのだなと勝手に思っています。

関連 環境
↓考察10

分が反射的に考えたことには積極的に挑もうと考えています。

3つ目は、「人のためになること」を選ぶことです。僕はとりわけ、近くの人のためになりたいと思っています。

意識しているのは、行動に移すときのスタート地点です。

例えば、ある若手選手を叱るとします。僕は時折、チームメイトを大きな声で叱咤します。そのときのスタート地点を必ず、自分の中で確認します。つまり、その叱咤は、その若手選手のためを思っての言動なのか、もしくは自分を守るためだったり、自分の感情をぶつけたくて起こしてしまった言動なのか、ということです。

サッカーの世界でよくありがちなのが、「若手のため」と言いながら、実際は「自分のため」であることです。この差はとてつもなく大きいです。不思議なもので、同じ言動をしても、その若手選手には必ずそのスタート地点が伝わってしまうのです。

僕も人間です。ましてやすぐに熱くなってしまう性格をしています。感情的になり、自分のことが一番になることももちろんあります。だからこそ、いつもそのスタート地点が「自分のため」でなかったかを問いかけるように意識し

関連 人のためになること
↓考察10・37

ています。

僕は、この3つの方位磁針を手に、今も荒れた山道を歩いています。今もその先にある自分の夢が何かは定まっていません。

子どもの頃はそれでいいのか疑問でしたが、今はもうそれでいいのだと思えています。

確実なことは、この3つを指針に歩いていると、いつも挑戦を選んでしまうということです。そして、挑戦を選んでしまうということは、その挑戦は高い斜面の姿をしているので、そこを登りさえすれば、登る前よりは高いところに辿り着くということです。

それを繰り返していった先に、自分の前に広がる景色はどんなものでしょうか。それを見られる確証はありません。でも、僕は歩いていきます。今日も目の前の一歩を。

PITCH LEVEL

ピッチへの論点 7

持つべき思考

「彼らに星勘定というものは存在しません。
内容的に、あるいは力的に厳しい試合であっても、
それをそうとは受け取らない独特の感性がありました」

考察
34

「当たり前」にある2つの捉え方

当たり前を当たり前にし、当たり前を疑う

「サッカーにおいて常識と言われていることはピッチの中の常識とイコールではない」

僕はそう思っています。

どういうことか。

僕がキャリアの中で教わってきたことはサッカーですが、そのサッカーを通してさまざまなことを学んできました。いろんな経験をし、いろんな選手と出会い、それを自分なりに解釈しながら歩んできました。

そんな自分自身を振り返ってよく思うことがあります。それは「当たり前（常識）」という言葉を使った2つの大事なことです。

一つは「当たり前を当たり前のようにできること」の大切さ。

キーワード・関連記事

関連　常識

↓考察10

もう一つが「当たり前を疑うこと」の大切さです。

僕は14年前にプロサッカー選手になりました。サッカー選手になれるとは、本人も周囲も思わなかった男です。僕には劣等感がありました。だから、人にはないもので自分にできることを探していました。僕は体が大きいのでヘディングや対人プレーといったフィジカルを生かしたプレーが持ち味だと思われがちですが、それだけで生き残れるほどの突出した才能は持ち合わせていませんでした。

才能がないなら、やれることはそう多くありません。当たり前のことを当たり前にやること。そして、それを続けることで差を生み出そうと考えました。

子どもが歯を磨くのを日課にしていくときのように、当たり前が当たり前になるまでは苦痛に思うこともありました。しかし、それらを当たり前にできるようになれば、それらも一つずつ、僕のただの日課になりました。

常にいいポジションを取り続けること。足を最後まで動かすこと。最後まで諦めないこと。準備を怠らないこと。いつも同じ気持ちで試合に挑むこと。

僕がこの世界で生き残ってこられた要因は、ヘディングではなく、それらを続けてきたことにあると思っています。

関連｜ヘディング
↓考察12・17・24・27

関連｜才能は持ち合わせていません
↓考察14・33

当たり前を壊すという作業

当たり前のことを当たり前にできるようになることに取り組む一方で、地味な道を選んできた僕は、自分の中の当たり前を疑うことがなかなかできませんでした。現実的でビビりな僕は、確証のあるものしか信じられず、とんでもない発想は性格的にも生み出せませんでした。

その点で、プロに入り僕が刺激を受けた人物がいます。小笠原（満男）選手と本田（圭佑）選手です。僕が所属していたときから現在まで、それぞれが鹿島アントラーズと日本代表の中心であり続けています。

彼らには常識に左右されない確固たる自分というものがありました。

彼らに星勘定というものは存在しません。内容的に、あるいは力的に厳しい試合であっても、それをそうとは受け取らない独特の感性がありました。僕の感覚からすれば、とんでもない発想を持った選手だったのです。小笠原選手は毎年「全勝」を目標に掲げます。本田選手は「世界一」を目指していました。それを決してリップサービスではなく、本気で思っているのです。

だから、苦しいときにチームはいつも彼らを頼りにしました。悪い流れを断

関連 とんでもない発想
↓考察13

ち切りたいときには、彼らを探しました。彼らは決して饒舌《じょうぜつ》ではありませんでしたが、背中でいつも語りかけていました。

「何が当たり前なの？」

小笠原選手に引っ張られて、鹿島の「常勝」を目指す精神は次世代に受け継がれようとしています。

本田選手に引っ張られて、多くの日本人選手が、世界のトップを目指しています。

僕には彼らと比べて、世間や自分の中にある「当たり前」を疑う部分は決して多くありませんでした。

「そんな自分だったからこそ、ここまで来られた」という気持ちがある半面、「もし僕に彼らのような精神があったら、もっと遠くまでいけただろうか」という思いがあるのも事実です。

それを鹿島で3連覇を果たした頃から感じるようになった僕は、自分の当たり前で生きていけるところから飛び出し、自分の当たり前を壊すような、新たな経験をしなくてはいけないと考えるようになりました。

関連 3連覇
→考察6・8・15・32・37

関連 経験
→考察11・28・31

常識外れなことが重要なときもある

　そして、鹿島を退団し、タイで1年間、ファジアーノ岡山で2年間プレーし、東京ユナイテッドFCにプレーの場所を移しました。

　生きてきた背景や歴史が違えば、当たり前や常識が違います。言われてみればそれも当たり前のことですが、それがどういうことなのかは経験してみなければやはり分かりませんでした。

　タイでは、全く違う文化で育った選手たちと、同じ気持ちとイメージを共有することの難しさに直面しました。ファジアーノでは、まだ歴史の浅いクラブの中で、クラブを取り巻く常識や個人の当たり前を打ち破る難しさにやりがいを持って挑戦しました。

　鹿島以降の4年間、チームを引っ張る役目を任されながら戦ってきて思うのは、小笠原選手や本田選手のように、リーダーは「当たり前を当たり前のようにできること」と「当たり前を疑うこと」をバランス良くこなさなければいけないということです。

「当たり前を当たり前にすること」をチームの常識にしながら、ときにはその

関連 歴史
→考察36

関連 バランス
→考察13・14・26・29

チームの常識を大きく上方修正するような常識外れなことも必要なのです。それも、それを自然体で豪語できるような自身への自信の裏付けも持ち合わせていなくてはいけません。

「自分は自分」

自分にできることを探してコツコツとそれをブレずにやり続けることは、どこに行っても大切な、選手としてベースとすべき部分でしょう。ただ、それが確立されればされるだけ、そこから抜け出すことが難しくなります。

「自分は自分？」

そんな自分に、いつまでもそう問いかけられる、柔らかさやしなやかさを備えた選手でいたいと思っています。

考察
35

人生の選択。関東1部に移籍した理由

驚かれた決断、東京ユナイテッドへの移籍

僕はJ2のファジアーノ岡山から東京ユナイテッドFCというクラブに移籍しました。東京ユナイテッドは日本におけるサッカーのカテゴリーでは5番目にあたる関東社会人リーグ1部に属しています。

「2部から5部へ」。

多くの方から「なぜ?」と聞かれました。ほとんどの方が驚きを持って受け止められたようです。鹿島アントラーズのときのチームメイトやファジアーノのチームメイトからも「まだJ1でもJ2でもできるのになぜ?」と、その決断に驚かれました。

確かに、僕自身、ここ2年も怪我なくフルにシーズンを戦うことができ、体もまだまだ動く感覚があります。〝普通に〟考えれば、J1、J2への道を模

キーワード・
関連記事

索するのが〝当たり前〟なのかもしれません。

しかし、僕の心はそれを望みませんでした。僕の中で昔の栄光の時代がよみがえってきて「また華やかな舞台で輝きたい」と思う瞬間はあったにせよ、次の瞬間には違うステージ――「次」――を欲していました。

そこには「人と違う人生を選びたい」という僕のあまのじゃく精神もあるのですが、それ以上に、僕の中の〝普通〟や〝当たり前〟が少し変わっているのかもしれないと思いました。

プロらしくない生き方をしてきた

僕は大学を卒業して鹿島に加入してから10年という、サッカー選手にとってはとても長い時間を過ごしました。若いときに描いていたのは、一つのクラブで生涯プレーし、引退することでした。プロに入る前に何かのインタビューで答えたのをよく覚えていますが、「日本代表に入る」とか「華やかな活躍をする」とかではなく、「鹿島で長く中心としてプレーする」ことが何よりの目標でした。

それは僕のスタイル、僕の生き方に直結するものでした。

僕には一人でこの世界を生き残っていける才能も自信もありませんでした。

関連 当たり前 ↓考察10・34
関連 大学を卒業 ↓考察28
関連 日本代表 ↓考察39
関連 才能も自信もありません ↓考察34

プロに入ったからといって〝プロらしく〟振る舞っていては生き残れないと思っていました。

ここでいう〝プロらしく〟とは、激しい競争の中で、考えることの一番に「自分」を置くということです。ほとんどの選手がそうだと思います。「自分」が輝くことを一番に置いた上で次に「チーム」がくる。そういう世界だと理解しています。

しかし、僕は順番を逆にしていました。一番に「チーム」や「チームメイト」を置き、次を「自分」にしてきました。

これは良い悪いではありません。そして、かっこいいこと（いわゆる美談）でもありません。「チームメイト」を輝かせ、「チーム」を勝たせることから入ることが「自分」を輝かせることに繋がる。結局は「自分」のためなのです。そして、（教員の血が流れる僕は）ただ単にそれが好きで、そうしたいだけなのです。

移籍することに対して、気持ちの変化があったのは3連覇を達成した後でした。日本代表にも選んでいただき、W杯やアジアカップに出場することもできました。僕が28歳から29歳の頃です。

何が一番のきっかけかと言われるとはっきりしません。ただ、徐々に「新し

関連 **3連覇**
↓考察6・8・15・32・34・37

い挑戦」の必要性を感じていきました。それは「鹿島を離れたい」とか「海外に行きたい」という気持ちからではなく、「離れなければいけない」、「行かなければいけない」という気持ちからだったと思います。

そして、32歳のときに初めての移籍をすることになりました。上のレベルを目指すには遅すぎる年齢でした。そこまで移籍しなかったのは、一番は自分の力不足。そして、もう一つは「チーム」や「チームメイト」を一番に置くという自分のスタイルから抜け出す勇気とそのための自信が欠けていたからでした。

その前年に一度、移籍か残留かに揺れたときがありましたが、そのときもチームメイトの「出ていかないでほしい」という言葉にあっさりと気持ちが決まっていました。

「チーム」に基準を置くと違うものが見えてくる

結局、悩んだら行き着くのは、自分の生き方です。

僕はただ、「頼む。これはお前じゃないとダメなんだ」というような言葉に弱いのだと思います。頼まれたら断れない性格なのです。

そして、それが周りから「まだ早いだろう」と言われる選択をしてしまう一

関連|挑戦
↓考察34

関連|生き方
↓考察14・32・33

番の理由かもしれません。

J1でプレーできなくなったらJ2、J2でできなくなったらJ3やタイリーグ、それでもダメなら引退。そうした選択をしていくと、いつも「自分」のことに目が行きがちになります。「自分」に基準を置いて、「自分」がどこにいるかが選択の理由になります。

しかし、「チーム」や「チームメイト」に基準を置いていると、違うものが見えてきます。「このチーム（チームメイト）をどうしたいか」に始まり、そのために「自分は何をすべきか」が見えてきて、そこから「自分をどこに置くべきか」が出てきます。

そう考えてしまうと、結局、早め早めに「次」を選択したくなってしまうのです。

一サッカー選手としては損をしてきたところもあると思います。ファジアーノの退団も、違う生き方を選んでいれば、違う形になったのかもしれません。

しかし、今になってようやく、僕は随分得をしたと思えるようになりました。「人と人」、「信じること」、「共有すること」。そうした「響くもの」に目が行くようになり、お金では代えられないものを手に入れられたと思うからです。

関連 どこに置くべきか
↓考察34

人生で最も涙を流した1週間

ファジアーノでプレーオフを戦ったのが12月4日。8日には退団を発表し、10日のファン感謝デーで挨拶をさせていただいて、僕の2年間の旅は終わりました。

4日からの約1週間は、僕の人生で最も多くの涙を流した1週間となりました。

このクラブをJ1に上げたいという夢を叶えることができず泣き、クラブを離れることが決まり泣き、家族を前にして泣き、サポーターの皆さんの温かい言葉に泣き、そしてたくさんのチームメイトのメールに泣きました。

だから、やっぱり僕は自分が所属したチームとは対戦したくないのです。チームメイトたちが「対戦したくないから、J2には行かないでくださいね」と言ってくれた言葉に、今回もその気持ちを確認しました。

いかにも美談と言われるような書き方で綴ってきましたが、サッカーの世界は美しいことばかりではありません。サッカー選手は個人事業主であり、裸一貫で紙一重の世界を渡り歩いて生きていかなくてはいけません。

関連 サポーター
↓考察6・20・26・32・38

サッカー選手と言えどもただ一人の人間です。自分の人生しか歩けません。自分の選択に後悔に似た感情を抱く瞬間も当然ありますが、大事にすべきなのは「自分のスタイルや生き方をどこに置くか」だけなのだろうと思います。〝普通〟や〝当たり前〟を周りと合わせる必要はなく、自分の生き方を見失うことがなければいいのです。

　それを踏み外すことなく力強く歩いていけば、オリジナルの道ができます。(158)オリジナルの道を歩けば、そこにはストーリーが見えます。

　自分もベテランとなり、周りをふと見ると、当然ながら同年代が一緒にベテランとなっていますが、その人たちの道にはみんなオリジナルの色があり、ストーリーがあります。

　それは、キャリアのさまざまな経験の中で、ブレそうになる自分と向き合いながら、いつも自分の中の「大事なもの」を、いつも心の真ん中に置きながら、その人なりの生き様を大事に守ってきたからだと思います。

---

(158) **オリジナルの道**
岡山退団のとき、長澤徹監督からいただいた「オリジナルの道をいけ」という言葉を心に刻んでいます。

考察
36

サッカー選手は何と戦っているのか

シーズンというマラソンで戦うもの

今年（2017年）、僕はプロリーグから離れ、それを外から見る立場となりました。驚くほど、そこに寂しさを感じずに毎日を過ごしているのですが、既に懐かしさを感じるところはあります。やはり僕にとっては、サッカー選手としてだけ生きる生活は息苦しかったなと思い出しています。

同時に、懐かしく回想する中で思うことがあります。それは、シーズンというマラソンは、他チームと争っていたわけではなかったな、ということです。

サッカーは同じチームとはホーム&アウェー(159)の2試合しかリーグ戦で戦いません。確かにライバルとなるチームは存在するものの、自分たちが勝っていけば上位にいき、負ければ順位を落としていくだけです。だから、僕の中ではシーズンを戦う間に肩を並べて走っていたのはライバルチームではなかったよう

キーワード・関連記事

(159) **ホーム&アウェー**
ホームとアウェーは結構違う。僕はアウェーも好きですが、とにかくサッカー専用スタジアムがいい。

な気がしています。

僕が競っていた相手は「チームの歴史」でした。

僕が息苦しく戦っていたものの話です。

僕が大学を卒業して最初に選んだチームは、日本で最もタイトルを取っていたチームでした。僕が加入する前には、偉大なる先輩たちが築いた常勝の歴史があり、それを承知で鹿島アントラーズを選んだものの、チームにタイトルをもたらす責任からくる重圧は重く、苦しいものでした。

鹿島に入団して最初の3年間、僕は一つのタイトルも取ることができませんでした。

正直に言って、1年目は自分のことで精いっぱい。2年目も1年間試合に出続けることで頭がいっぱいで、タイトルを取る責任をそこまで感じていませんでした。

しかし、3年目は違いました。この年から僕は「鹿島の3番」を背負うことになりました。背番号の入った背中はずっしりと重く、「タイトルをもたらすことができなければいつまでもこのユニフォームは着ていられない」、そう思っていました。

関連 鹿島の3番
↓考察22・24・38

４年目の２００７年シーズンは劇的な幕切れでした。僕たちは破竹の９連勝で、二桁以上勝ち点が離れていたライバルチームを逆転して、リーグ優勝を果たしました。

しかし、実はこの９連勝の間には、ナビスコカップの準決勝敗退がありました。

ガンバ大阪との準決勝で僕たちはアウェーゴールの差で惜しくも敗退したのですが、痛いアウェーゴールをセットプレーで許したシジクレイ選手をマークしていたのは僕でした。

その２カ月後に歓喜の瞬間を味わうことになるなんて知る由もない僕は、そのとき失意のどん底でした。

鹿島の３番にふさわしくない

いろんなことを考えました。「自分はタイトルをもたらすことのできない人間なのか」タイトルを取ることが義務であるチームにおいて、自分の情けなさを痛感しました。

僕は「鹿島の３番」の大先輩、秋田（豊）さんとは一緒にプレーしていません。

僕の加入が決まった直後に、秋田さんは鹿島を退団され、直接ポジションを争うことはありませんでした。しかし、僕はいつも秋田さんと戦っていました。「鹿島の3番」と競い合っていました。

「鹿島の3番」とはディフェンスリーダーを意味します。タイトルを取ることが義務のクラブのディフェンスリーダーを担うとは、結果の責任、とりわけ失点の責任を背負うということです。秋田さんが背負ってきたものを引き継いだ者として、決してそこから逃げてはならないと、いつも思っていました。

逆転優勝を果たしたあの日の映像を見ると自分の泣きっぷりに恥ずかしくなります。あれは、タイトルをもたらすことへの重圧から解放された涙でした。このとき流した涙ほど震えるものに僕は出会ったことがありません。だから、僕は鹿島を去る決断をするときに、育ってきていた若手たちに早めにバトンを渡そうと考えていました。

彼らが争うべきは、そのときの僕ではなく、それまでの僕であり、サッカー人生の終わりに近づいていく僕ではなく、タイトルを取ってきた僕であってほしかったからです。

鹿島を離れてからは全く別の歴史との戦いとなりました。

――タイでの1年間で所属したBEC TERO SASANA(BEC)は古豪

関連 タイ

↓考察10・31・37

ではありますが、優勝を目指しているクラブではありませんでした。タイではこのところお金を持つ数クラブがタイトルを独占している状態で、それ以外のクラブは「タイトルを取れなくて当たり前」という感じがありました。タイに渡ってすぐに受けたインタビューで、僕が「優勝」という言葉を口にすると鼻で笑われているような印象さえもちました。

ファジアーノ岡山は比較的新しいクラブで、J1に上がった歴史がありません。クラブには着実に積み上げてきたものがありましたが、それでも潜在的に人の心には歴史が影響しているもので、例えばJ1から落ちてきたようなネームバリューのあるクラブとの対戦では、どこか負けることにエクスキューズを作っている空気があるように感じました。僕がしきりに「本気でJ1を目指す」という言葉を使ったのはそのためでした。

サッカーを日常にするために

「優勝を目指す」、「昇格を目指す」。

全てのクラブの全ての選手が口にする権利があります。しかし、本気でそこを目指している者がどれだけいるでしょうか。本当の意味で、その結果に人生を賭けている者がどれだけいるでしょうか。

サッカーというスポーツは不確定要素がとても多いスポーツで、エクスキューズを作ろうと思えばいくらでも作れます。

「やっていることは間違ってないから仕方ない」

「自分たちのサッカーをして負けたら仕方ない」

「あれだけ選手を集めているチームには勝てなくても仕方ない」

そしてそこに負けてきた歴史や上のリーグに上がったことのない歴史があると、連勝が続いたときに、

「そろそろ負けても仕方ない」

タイトル争いから脱落しても、

「うちのクラブはまだ仕方ない」

そんな言葉がどうしても出てきてしまいます。

その上、歴史がない分、少しでも記録を塗り替えるような結果が出ただけで、「歴史的」という言葉さえ使われ、もてはやされてしまいます。実際には、サッカーにおいて格下が格上の相手を倒すことくらい、よく起こることなのに。

この空気を変えることはとても難しい課題でした。

たまたまBECではタイトルを取ることができ、たまたまファジアーノでは

関連 自分たちのサッカー
↓考察4・8

関連 格下
↓考察10・20

昇格を果たすことができませんでしたが、それで全てが良かったとか悪かったとは考えてはいません。

歴史とはこれからもずっと続いていくものであり、僕も一つの過去になるだけですから。

ただ、新たな歴史を〝作っていく〟ことは、鹿島でやってきたような歴史を〝守り、続けていく〟こととはまた違う難しさがあり、違うやりがいがありました。本気で新たな歴史を作ることに挑んだ戦いは、僕にそれまで見てきたものとは違う景色をたくさん見せてくれたのです。

毎年、クラブは変わっていきます。選手は移り変わり、歴史に歴史を積み上げていきます。しかし、不思議なほど、クラブの〝カラー〟は変わりません。

それはきっと僕たちがクラブの歴史と戦っているからだと思います。そのマラソンレースに勝ったとしても敗れたとしても競ったのはクラブの歴史であり、今のクラブはクラブの歴史の上にしか立てないのです。

今年も歴史との戦いの中で選手たちは苦悩の中、結果を競っていくでしょう。苦悩のレースにはドラマがあります。この歴史の上のドラマこそが、一つのサッカークラブを応援していくことの一番の魅力であり、サッカーが日常になることの意味なのだと思います。

関連｜日常
→考察7・8

考察
37

タイが教えてくれた人生において大切なこと

「決して怒ったり、叱ったりしてはいけない」

大きな決断だった「鹿島アントラーズ退団」に踏み切ったのが2013年。ちょうど大学を卒業してプロ生活10年を終えたときでした。

向かったのはタイ。

日本のトップクラブから、いきなりレベルが落ちるとされるリーグに行くことはあまり例がないことで、たくさんの方から驚かれました。

海外に行き「外国人選手としてプレーする」という経験を絶対にしなければならない、という思いから、僕の中では論理的な決断でしたが、「なぜ今なんだ?」「もっとレベルの高いところでプレーしたあとでもいいのではないか」という意見も当時多く耳に入ってきました。

あれから3年半という月日が流れました。

キーワード・関連記事

関連 タイ

↓考察10・31・36

結局、1年でタイを離れ、日本に戻ってきた僕はファジアーノ岡山で2年を過ごしました。

ファジアーノでの2年間は結果を出すことに追われ、タイ時代を振り返る時間がなかったのですが、今年（2017年）に入り、ふとしたときにタイでの1年間を思っています。

外国人選手として過ごした1年間は貴重な経験でした。そして、あの1年間がなければ、今の僕の姿も随分変わっていたのではないかと思っています。

タイで所属したBEC TERO SASANA（BEC）は随分とタイトルに遠ざかっているクラブでした。僕が加入する前年はリーグ7位ということ、下地（奨）という日本人が所属しているということは聞いていましたが、それ以上は何も分からない状態での加入でした。

このクラブを上位に押し上げたら評価されるのではないか。

そのくらいの野望は抱いていましたが、そもそも僕にとっては初めての移籍、初めての海外挑戦ということで、自分にどこまでのことができるのか、不安も大きかったと記憶しています。

行ってみると、思っていた以上に練習に対する姿勢が違うことに愕然としました。タイ人の選手だけではありません。そこに来ている外国人選手たちも、その緩い空気に染まっているように見えました。

タイに行くときに言われることがあります。

「決して怒ったり、叱ったりしてはいけない」

タイの人たちは怒られて育つということがないため、人前で叱られるということに拒絶反応を示すというのです。ですから、サッカーの試合中であっても決して声を荒らげずプレーしろ、と。

最初は、それを「適応」というのかもしれないな、と思いました。そもそもタイは「微笑みの国」と言われる国ですから、それがタイのやり方ならそれに合わせてやるべきだろうと思ったのです。

変えるのではなく、変わる

しかし、1週間もしないうちに僕はそれを改めました。改めたというより、我慢ならなくなっただけかもしれません。

それまで自分がやってきたように、勝つために必要とあれば、叱咤したり、激励したりするようにしました。そして、決してチームに漂う緩さに合わせることなく、孤高の存在になったとしても自分のトレーニングへの姿勢は崩さず

関連　我慢

↓考察4・5・6・8・11

にいよう、と決めました。

同時に、「タイのサッカーを変えてやる！」なんて思っていた自分の考えも改めました。「考察10」にも書きましたが、変わるとすれば、僕が「変える」のではなく、彼らが「変わる」のだと思ったのです。

どんなことがあってもその姿勢を貫こうと戦った1年間でした。

助かったのは、同じチームに下地選手がいたことでした。彼は、僕とともにトレーニングへの姿勢を崩さずやり切ってくれました。その姿勢が「僕だけのやり方」ではなく、「日本人のやり方」だと理解されたのは大きかったと思います。

チームは開幕して前半戦を無敗で駆け抜け、リーグ優勝こそ果たせなかったものの、13年ぶりにカップ戦のタイトルを取ることができました。いろんなクラブがタイトルを取る日本ではあまり分からないかもしれませんが、毎年いくつかの飛び抜けたビッグクラブだけでタイトルが競われるタイにおいて、BECがタイトルを取るとは誰も思っていなかったと思います。

僕にとっても、鹿島での3連覇と並んで、思い出深いタイトルとなりました。

素晴らしい結果を得ることができた1年でした。それを実現したのは、実はタイの選手たちのおかげでした。

関連 「変える」のではなく彼らが「変わる」
↓考察10

関連 日本人
↓考察3・4・17・22

タイの選手たちには「なんとかなるさ」の文化がありました。負けてもすぐに笑っていて、練習でも決して自分に厳しくありません。

僕はそのことに少なからず不満がありました。結果がついてきたから良かったものの、僕は決してチームメイト全員といい関係を築いたとは言えなかったと思います。

しかし、彼らは誰も僕を排除したりしませんでした。「ダイキはレギュラーだから」とかそういう理由からではなく、なんというか、彼らは人として加点方式なんです。減点方式ではなく。

つまり、マイナスに思うことはすっかり頭から消えて、プラスなことばかりが残っているように感じるんです。

文化の違いを痛烈に感じました。

練習に対する考え方も同様です。

僕はいつも、今日よりも明日、明日よりも明後日と、少しでも良くなるようにと日々を過ごしてきました。自分を戒め、少しでも努力を重ねて生きていかなくてはいけないと思ってきました。

しかし、タイの選手たちはもっと力が抜けていて、今この瞬間が楽しければいいのです。それを毎日重ねているだけで、マイナスなことは端から頭に入っていっていないようでした。
そのどちらも生き方として正解などないのです。良しも悪しもそこには存在しないのだな。彼らと接しながら、そんなことを知りました。

そこにあるものを見て微笑む

巡り合わせが僕に味方した部分もありました。というのも、当時のBECにはタイのレジェンドである二人のベテラン選手と、(160)20歳前後のたくさんの有望な若手選手がいたからです。

二人のベテラン選手は、僕より歳上で、「キャリアでもう一つだけタイトルを取りたい」と僕に語ってくれました。僕がチームメイトに要求をしたいときは、彼らがチームのみんなに伝えてくれました。

若手選手たちは、どんどんレベルが上がっているタイサッカーの中で、未来に希望を持っていました。だから、僕から何かを学びたいとよく質問をしてきてくれました。試合で僕に叱られたら、言い返してきてくれました。「決して叱ってはいけない」と言われていたタイ人の繊細さは彼らにはありませんでした。

関連 生き方
↓考察14・35

(160) **20歳前後のたくさんの有望な若手**
チャナティップ（コンサドーレ札幌）はその一人。タイではチャナティップと呼ばれることはなく、「ジェイ」「メッシ・ジェイ」などと呼ばれています。

関連 キャリア
↓考察32・35

その若手選手たちのほとんどは、今、タイ代表にまで大きく成長しました。チャナティップはこの夏からコンサドーレ札幌でプレーをしています。W杯最終予選では苦しんでいる彼らですが、彼らがその経験を生かし、どのように変わっていくのか。〝おじさん〟は楽しみに見ていたいと思います。

タイで1年間生活をし、外国人選手としてプレーし、得たものは本当に大きかったと思います。結果がついてきたこともプロ選手として大きなことでしたが、それ以上に、「自分の人生」を本当の意味で(161)「自分の人生」と考えられるようになったように思います。

彼らにはいつも「今」があり、そこに過去や未来は存在しません。そして、他人と比べて自分を考えるということもありません。

つまり、彼らは「それ」を「それ」としてあるがままに捉え、そして、「そこにないもの」を見て嘆くのではなく、「そこにあるもの」を見て微笑んでいるのです。

僕も、「自分の人生をオリジナルに追求していこう」と思えた、そんな〝タイ在記〟でした。

---

(161) **自分の人生**
僕は僕の人生しか歩けない。遠くより近くを大事にするのが僕の人生だと思っています。

関連 **そこにあるもの**
→考察28

考察
38

選手はブーイングに何を感じているのか

選手を歩かせてくれる存在

選手は、サポーターの声を、言葉からではなく、雰囲気から感じています。流れる試合の中では、ピッチ内の動きや声に集中していて、ヤジも激励も全く耳に入ってきません。試合前や試合後に声が届くことはもちろんありますが、僕の場合、試合に入り込んでいるためか、ほとんどそれらを覚えていることがありません。

しかし、雰囲気からサポーターの皆さんが何を求めているかは敏感に感じることができます。選手は少なからず、サポーターの皆さんに喜んでもらえるようなプレーをしたいと思っています。自分がいいプレーをしたと思っていてもサポーターの皆さんが反応してくれなかったらテンションが下がりますし、逆にそれほどいいプレーだと思わなくてもサポーターの皆さんが反応してくれる

キーワード・関連記事

関連 サポーター
↓考察6・20・25・32

とテンションが上がったりします。

つまり、サポーターの皆さんは、選手たちの「いいプレー」の基準を示す存在だということです。

以前、日本代表でご一緒させていただいたとき、中村（俊輔）選手にこんな話を聞かせていただいたことがあります。

「ヨーロッパでは相手のゴールキックを思い切り弾き返しただけで拍手が起こるよ。派手なプレーじゃなくても、相手のチャンスになりそうな場面を未然に防ぐようなプレーをしたりしたときもね」

サポーターの皆さんに喜んでもらえると分かれば選手は必ずそのプレーをしたいと思うはずです。チームに必要なプレーをどんどん選手に教えてあげてほしいと思います。

ここに記すのは、サポーターと選手の関係についてです。そこには、ピッチレベルで選手だけが感じられる幸せなものが存在します。

サポーターとは、クラブの進む方向を指し示す存在でもあります。

鹿島アントラーズを離れて客観的に見ると、鹿島はタイトルに対する考え方に、ほかのチームとの違いを作り出していると思います。優勝以外は失敗であ

関連 日本代表
→考察39

るという認識がクラブを取り巻いていて、そのレベルがとても高いように見えます。その空気感は、クラブの歴史によるところもありますが、サポーターの皆さんが作り出す雰囲気からも大きく影響されています。

サポーターの皆さんがタイトルを本気で欲しているかは選手たちに伝わるものです。それがスタジアムの雰囲気で感じられるのです。

鹿島を離れることになる２０１３年シーズン、その点で少し残念なことがありました。２０１２年シーズンにリーグ戦であまりいい成績を残せなかった鹿島は、世代交代が急務だと言われていました。確かに、２００７年から3連覇したときのチームからはもう大きく変わっていました。しかし、鹿島とはどんなときもタイトルを目指すクラブであったはずです。その年、若い選手がどんどん台頭していく中で、どこか「世代交代しているときだから勝てなくても仕方がない」という雰囲気をクラブからもスタンドからも感じるようになっていました。

決して批判をしたいわけではありません。言いたいことは、サポーターの皆さんは、クラブ、選手とともに、本当の意味でクラブの進む道を決めていく存在なのだということです。

サッカーにおいてサポーターの皆さんの存在は、サポーターの皆さんが思う

関連｜**3連覇**
↓考察6・8・15・32・34・37

関連｜**仕方がない**
↓考察36・39

より大きなものです。皆さんはクラブを支えるだけでなく、選手の足を動かせ、プレーの基準を示し、そしてクラブの進む道を示す存在なのです。それを僕は、綺麗事ではなく真実として体感してきました。

鹿島を去るとき、たくさんのサポーターの方が想いを届けてくれました。それは僕が本当に想像していないほどのもので、僕が歩いてきた道はサポーターの皆さんと歩んできた道だったのだと実感しました。

タイで、僕が悩む様子や苦しんでいる様子を見せてしまったとき、サポーターの皆さんが外国人選手である僕に、「続けてください。私たちはいつもあなたの味方です」とメッセージをくれて、僕を歩かせてくれました。

そして昨年まで、ファジアーノ岡山のサポーターの皆さんと手を取り合いながら、大きな夢に向かって歩かせてもらいました。こうやって振り返ると、いかにサポーターの皆さんに「歩かせてもらった」かがよく分かります。

「ブーイングしたほうがいいですか」

では、ピッチで多くのことを感じている選手にとって、サポーターはどういう存在でいてほしいのか——。

鹿島のサポーターは燃えるように熱く、チームがふがいない戦いを見せたときには容赦ないブーイング(162)が飛びます。

一方、ファジアーノのサポーターは包み込むように温かく、基本的にはどんなときも選手にブーイングを向けることはありません。

ファジアーノにいた頃、「選手のために自分たちはどうあるべきですか？ときにはブーイングをすることも必要でしょうか？」という質問を受けたことがあります。僕なりの答えはこうです。

まず、絶対的な事実として、僕たち選手はサポーターの皆さんと一緒に戦っています。綺麗事でもなんでもなく、僕たちの歩みはサポーターの皆さんとともにあります。

応援する側とされる側といった、あちら側とこちら側という関係というより、僕たちは同じ側にいて、ときには背中を押されたり、横で「もっと前へ！」と煽られながら、ともにシーズンというレースを走っています。この感覚は僕だけでなく、ほとんどの選手が持っているはずです。少なくとも、長くプレーしている選手たちはみんなそう思っているはずです。僕たち選手はサポーターの皆さんと生き、生かされているということをキャリアを通して知っていくからです。

(162) **ブーイング**
好きの反対は無関心。ブーイングも懐かしい思い出です。

関連 シーズン
→考察36

関連 キャリア
→考察32・35

さて、ブーイングをすべきか否かという問いです。ブーイングをすることもある鹿島サポーターとブーイングをしないファジアーノサポーター。どちらが選手のためか。

選手は「声」ではなく「空気」を感じる

そのどちらも経験したものとしての答えは、どちらも正である、です。どちらでも正解なのです。

というのも、僕たち選手は、サポーターの声を、言葉ではなく空気から感じています。ブーイングをされたかされなかったかよりも、サポーターの皆さんがどのように感じているかを、スタジアムの空気で感じているのです。

ブーイングをしていてもそこに温かさを感じるときもありますし、拍手をされていても不満や批判を感じることがあります。

だから、僕は皆さんのスタイルを大事にされたらいいと思います。そして、〝気持ち〟をたくさん届けてください。

この「気持ちの共有」こそ、世界中で愛されるサッカーの一番の魅力であり、スタジアムに足を運ぶ一番の意味だと思います。

試合には必ず、味方と敵がいて、自分たちのサポーターと相手チームのサポーターがいます。サッカーを通して、サポーターの皆さんが想いを届け、それを受けて僕たちはチームのために必死に戦います。どんな出来事も、その試合に勝つためのもので、それ以上でもそれ以下でもありません。

試合が終わればノーサイド。

どんなときも試合が終わった瞬間に全ては終わり、握手をしたらみんなが同じサッカー仲間です。

僕の中の「リスペクト」とは、試合がキックオフで始まれば全ての可能性を追い求めながら相手を全力で打ち負かす、ということであり、タイムアップの笛が鳴れば、どんなに気持ちの整理がつかなくても健闘を称え合うことだと思っています。

思えば、僕のプロでのキャリアを振り返ると、そこにはいつもサポーターの皆さんが作り出す空気とセットになった記憶が呼び起こされます。

鹿島時代には背番号「3」をつけることの意味をいつもスタジアムの空気から感じていました。今だから懐かしく語れますが、温かいものよりも厳しいものが多かったように思い出されます。

関連 リスペクト
→考察21

関連 背番号3
→考察22・24・36

「空気」は「期待」となって入り込んでくる

タイトルを取る度に「3」番の責任を果たせたと思って、少しホッとしたら、またすぐに次のタイトルへの戦いが始まり、息つく間もない苦しい日々が続きました。僕は「3」番にふさわしいものなど何も持ち合わせていなかったので、いつも不安の中で、その空気に向き合っていました。

鹿島での10年（3番を背負ったのは8年）は、そんな10年間だったので、退団を発表し、最終戦で退団のセレモニーをさせていただいたときの空気には本当に驚きました。あんなに温かく包まれたことは、優勝をしたときにもなかったかもしれません。皆さんが僕を作ってくれたんだ。あの厳しい空気が、僕を大きくしてくれたんだと思いました。そして、僕は決して一人ではなく、サポーターの皆さんと歩んできたんだなと感じたものです。

ファジアーノでは、温かい空気の中で新しい夢を追いかけさせてもらいました。そこには陽だまりのような空気があり、いつも見守られ、支えられている空気感がありました。僕がやりたいと思っていた挑戦を思う存分にやらせてもらえていると感じられた。それは、サポーターの皆さんが作り出してくれてい

関連 空気
↓考察7・8・36

たものでしょう。

その「空気」は僕に「期待」となって入り込んできて、「責任」となって僕の活力に繋がっていました。それに「結果」でお返しすることは叶いませんでしたが、皆さんと相互に気持ちをぶつけ合って熱く戦った2年間を、僕はいつまでも感謝の心で振り返るでしょう。

最近よく、人と人の間に「何をしたらいい」というような正解はないのではないかと思います。大事なことは「何をするか」ではなく、「なぜするか」であり、行動ではなく、気持ちなのだと思います。逆に言えば、「なぜするか」が明確に考えられているなら、全て正解なのだと思います。

スタンドとピッチには多少なりとも距離があり、気持ちなど届かないと思われるかもしれませんが、そんなことはありません。心は無限大であり、気持ちは心から心に繋がるからサッカーは熱くなれるのだと思います。

関連 **責任** ↓考察2・7・12・26・36・38

関連 **正解** ↓考察2・16・37

考察
39

日本代表という存在を考える

「日本代表」の選手が難しい理由

最近、日本代表のメンバー選考について、たくさんの意見を目にします。ヨーロッパでプレーする選手が増えるにつれ、いつからか海外組と国内組という区分がされるようになり、リーグの違いから一概にそれぞれの結果を比べることが難しくなり、それをどう捉えるかによってさまざまな議論がされるようになりました。サッカーの場合、評価の仕方は人それぞれなのでなおさら、そうした議論は尽きない状況になってしまいます。

ただ、これは今に始まったことではなく、サッカーがサッカーであり、W杯が4年に一度である限り、いつまでも起こることだと思います。

日本代表は特別な舞台。それはいつの時代も変わりません。一方でプロになり、クラブのために日々を過ごしていると、夢だったはずの日本代表について、

キーワード・
関連記事

どこか目標とすることに違和感を抱くようになります。メンバー選考に議論が尽きないように、誰が選んでも代表メンバーには矛盾を孕《はら》むからです。「選ぶ人によって変わるもの」を目標にしていては自分がブレてしまうのではないか。そんなふうに感じることがあるのです。

この考察は、選手にとってそうした側面を持つ日本代表という存在に対し、僕がどのように向き合ってきたか、という極めて個人的な経験談です。

日本代表監督に就任すれば誰もがまずはいろんな選手を手元に置いて見てみたいと願い、たくさんの選手を招集します。その間、選手は誰もがチャンスだと思い、アピールに躍起になります。

お試し期間を過ぎると、今度はチームを固めていく期間に入ります。これは大体、W杯の最終予選を戦う時期にあたります。この時期に新たに加わってきた選手を試すことよりも、それまで作ってきたチームで戦うほうがリスクが少ないと考えるのは当然でしょう。

日本代表で難しいのはそのチームを固めるに至るまでの期間が1年あるいは2年と長いことだと思います。もう一度、チームを壊して作り直すのは最終予選が終わってからにせざるを得ず、その間に旬を迎えた選手をどうチームに組み込んでいくかはとても難しい問題だと思います。

「日本代表候補」になったときの喜びと失望

結局、どの監督もおっしゃることですが、サッカーにおける日本代表とは、決して日本で一番サッカーがうまい選手から順番に選ばれるものではないということだと思います。監督が変われば当然、メンバーも変わります。もちろん日本のトップが集まる舞台ではありますが、それでもいくつかの矛盾を孕んでいるように見えることは仕方のないことなのです。

そうした側面を持ちながらも、選手にとってはいつまでも夢である日本代表という憧れの舞台。僕ももちろん、その一人でした。小さな頃から、年代別の日本代表でさえ、一度も近くに感じたことがなく育ちましたが、それでも「憧れがなかったか」と言われれば、「あった」と答えるしかありません。

日本代表は全てのサッカー選手、全てのサッカー少年の夢です。選ばれたくないと思うものなど、ただの一人もいないでしょう。

プロ2年目の2005年シーズン。僕が所属していた鹿島アントラーズは、前半戦でリーグを独走していました。僕自身も未熟ながら、好調のチームに乗せられて開幕から自分の強みを生かすことができていました。

そんな中、6月にジーコ監督に率いられた日本代表は、W杯予選を勝ち抜いて、ドイツで行われる翌年の本大会への出場を決めました。そして、本大会に向けて、新たに試す選手の模索に入る中で、「大柄なセンターバック」を探していて、僕がその候補の一人になっていると、クラブを通じて聞きました（代表候補に入る、代表監督が注目している、というようなことは、メンバー発表をされる以前からクラブや関係者を通じて知らされていることがあるのです）。

心が躍りました。自分に準備ができているとも、その力があるとも全く思いませんでしたが、願わくば一度、選ばれてみたいと素直に思いました。

結局、このときそれは叶いませんでしたが、僕が日本代表というものを初めて意識した瞬間でした。

しかし、W杯を終え、オシムさんが日本代表の監督に就任すると、日本代表に近づいていると思っていた状況は一変しました。選ばれる選手は一気に様変わりし、タイプ的にも僕は好まれなかったと思います（僕は密かに、数学を教えられるという共通点に勝手に期待をかけていたのですが）。メンバーに選ばれるどころか、候補に入っているというようなことも全く聞かれなくなりました。

その頃から、日本代表に対する認識が、僕の中で少し変化していきました。

関連 センターバック
→考察12・22・24

プロ選手と日本代表、どちらに心を置くか

僕は所属クラブにプロ選手として契約をしてもらい、日々をともにするチームメイトとサポートしてくださるスタッフやサポーターの皆さんと勝利のために全てを捧げました。そうして日々サッカーと向き合う中で、僕の中で「日本代表を目指す」という言葉にどこか違和感を覚えるようになっていったのです。

というのも、日本代表といえども、結局はそのときの代表監督がチームを作る上でほしいと思うピースであるかどうかが選出の分かれ目であって、そこには当然その監督の趣向が入ります。趣向は当然、所属クラブの監督とは違うものです。Jリーグで所属クラブのために一生懸命試合を戦いながら、「日本代表を目指す」というのは、誰に向かってサッカーをするのかという点で、どこか誠実さに欠ける気がして、器用ではない僕には何か違う気がしていました。

だから僕は、日本代表のためにサッカーをするのはやめようと考えました。日本代表という「人が選ぶもの」に自分の基準を設けず、自分の中の基準に忠実であろうと言い聞かせました。「日本代表を目指す」という言葉も封印し、一度も言わないようにしていました。

もうお気付きの方もいらっしゃると思います。そうです、これは僕の中の言い訳でした。僕は日本代表に入れない自分に言い訳を作っていたのです。

風向きが変わったのは、日本代表監督に岡田（武史）さんが就任されたときでした。２００７年の年末に突如就任された岡田監督は最初の合宿でいきなり僕を日本代表に選んでくれました。僕の初代表でした。

しかし、Ｊリーグのタイトルを手にして意気揚々と迎えた僕の初代表は、それはそれは苦い思い出となりました。１カ月に及ぶ期間中、僕は１分も出場を果たすことなく、練習においても自らの力不足を痛感するばかりでした。挙句の果てには、怪我で離脱することとなり、自分の前に開かれたと思った夢の扉は、手を掛けようとする間もなくどこかへ消え去ってしまいました。

日本代表への覚悟を決めた

僕はそれからまた候補にも数えられなくなりました。センターバックには中澤（佑二）選手と闘莉王選手が定着し、サブには僕とはタイプの違う選手が呼ばれるようになりました。

初代表があまりにも悔しい思い出で終わった僕は、言い訳をしていた自分と

関連 怪我
→考察26

⑯③ **中澤佑二選手と闘莉王選手**
二人を意識していた時期もありましたが、僕の中では二人ともタイプが少し違う選手だと思っています。

向き合い、覚悟を決めました。

「1分でも日本代表のピッチに立つまで、言い訳なしに、日本代表を目指そう」と。

ただそれを、以前代表を意識していたときと違い、日本代表が求めるタイプに合わせるのではなく、「選ばざるを得ない結果を出し続けることで叶えてやろう」と。

それから「日本代表復帰を目指す」とあえて口にするようにしました。有無を言わせない結果を出し〝続けよう〟と言い聞かせました。誰かほかの選手との競争ではありませんでした。自分自身に課した、自分自身との戦いでした。

結局、待望のデビューまで約2年を費やしました。失格の烙印を押された評価を覆すのはやはり大変でした。その日を迎えられる自信は何もありませんでした。ただ、僕の好きな言葉である「No Pain No Gain」を心の支えに、苦しさと闘いました。今思えばこの期間が、僕の人生において日本代表を意識し、最もサッカーに打ち込んだ時期ではなかったかと思います。

サッカー選手をしていると、メンバー選考や評価のされ方に納得がいかないことはよくあります。サッカー選手として生きるということは、もしかしたら、そうしたものとの葛藤の中で自分と向き合うということなのかもしれません。

関連 結果
→考察5・6・9・36・37

関連 No Pain No Gain
→考察33・34

「自分はこれだけやっている」
「自分はこんなことをチームにもたらしている」
自分がもっと評価されるべき正当な理由を挙げることは、誰にでもできるかもしれません。しかし、そんなことは大事ではないのです。

きっと僕たちは試されているのだと思います。監督にではなく、自分自身に、あるいはサッカーに。

結果から目を背けない覚悟があるか。矛盾も葛藤も全て引っくるめて、〝続ける〟ことができるのか。

そんなことを日本代表という夢の舞台に挑みながら学んだように思います。

その後、岡田監督からザッケローニ監督に変わる中で定着とはいかないまでも、２０１２年まで日本代表と関わることができました。しかし、僕の中で、日本代表を「我がチーム」だと感じることは一度もありませんでした。

それはやはり、僕の中で自分の中にある劣等感に打ち勝てなかったからだと思っています。

(164) 僕のサッカー人生は常に劣等感との戦いでした。日本代表になれたことと、日本代表で力を発揮できなかったこと。そのどちらも僕で、未だにそれを自分自身でどう評価すべきなのか分からずにいます。

関連 〝続ける〟こと
→考察2・34

(164) **僕のサッカー人生**
僕のサッカー人生に関わった全ての方々に感謝しています（引退発表ではありません）。

おわりに

僕はボールを器用に扱う技術がなく、足も速くありません。体は大きいですが小回りは利きませんし、身体能力も高いとはいえません。心配性な性格で、常にネガティブ思考。期待よりも不安が先に立つタイプです。

こうして並べていくと、僕の特徴はサッカー選手のそれとは思えません。そうした観点から見るなら、かろうじて「高さがある」ということくらいが僕の長所でしょうか。

しかし、僕は気が付けば35歳となるこの歳までサッカー選手を続けてこられました。長く続けることが素晴らしい、と言うつもりはありません。ただ、小さい（と言っても大きかった）頃、誰もサッカー選手になることを予想しなかったただの〝でくの坊〟が、プロとして13年もの間、サッカーを続けることができたのです。

それを不思議と捉えている人も多いと思います。

そこにはサッカーを〝する側〟と〝見る側〟の決定的な違いがあると思いま

す。

サッカーを見る、というのは当然ながら見えるもの、、、、、を見ます。選手にスポットライトを当てれば、選手の身体的特徴、プレー、仕草、言動。そうした目に見えるものから情報を得て楽しんだり、評価したりします。

しかし、サッカーをする私たちは、生まれたときからその自分の特徴や癖を知っています。例えば私なら本書に書いたような特徴をサッカーを始めたときから知っていました。

「サッカーをする」というのは、その自分を知った上で、どのようにプレーするか、ということです。

だから、例えば「足が速い」とか「高さがある」とか「技術がある」ということで特徴を語られると少し違和感があります。それらは本人からしたら、サッカーをするときの前提みたいなもので、そこから何を生み出すかが「サッカーをする」ということだからです。

僕は小学5年生のときに、島の外にある山口県の強豪クラブに入団しました。そのときに、自分は下手くそで〝のろま〟で、才能がないことに気付きました。

そのクラブには僕より〝うまい〟（技術の高い）子はたくさんいたし、試合に出かければその度に「僕より才能がある子」は増えていきました。

そのときから僕が始めたのは、「どのようにしたらチームに貢献できるか。勝たせられるか」を考えることだったというのは書いてきた通りです。うまい子たちと同じ土俵で戦おうと思わず、僕は僕なりの貢献の仕方があるはずだと考えていました。

それが、ヘディングであり、体を張ることであり、声を出すことであり、戦局を読むことであり、頭を使って考えることでした。

今思えばそれが良かったのでしょう。それらはプロサッカー選手として僕が生きていく上での支えとなり、僕の特徴となりました。

僕だけではありません。

選手であれば必ず、サッカーを始めたときから今に至るまでの歴史がそれぞれにあります。自分を知り、どこかでそのままの自分ではいけないと気付く壁にぶつかり、それを乗り越えてきたはずです。みんなサッカーを通して自分と向き合ってきたのです。

だからぜひ想像してみてください。活躍している選手には何があるのか。

身体的特徴で止まっていては選手の本当の特徴は分かりません。

「スピードがある」なら「なぜその選手はそのスピードを生かせているのか」「技術がある」なら「その選手はその技術をどのようにチームに生かそうとしているか」。

今の日本代表選手の中心には決してエリートではない選手たちが多い気がしますが、それがサッカーの本質をよく表しているように思います。

個人の歴史、という意味では、選手には1試合1試合の歴史もあります。毎週その歴史を積み重ねていくのが仕事です。いいプレーができても、悪いプレーをしてしまっても試合は続いていきます。

結果は全て切り離されたものですが、一つひとつの試合の流れは決して完全に分かれているものではなく、自分たちの中では繋がっています。

例えば、僕はセンターバックとしてチームにシーズンを通した安定をもたらすために、ミスが多かった試合のあとは少し落ち着くまでは安全な選択をするようにしています。それは相手も同じで、同じ選手、チームでも、最近のチームの流れによって全く違う顔を見せることがあります。

シーズンというのはそうして、一つひとつが人生のように波打ちながら続いているものなので、その流れというものも把握した上で判断を変えていかなくてはいけません。

ここで言いたいのは、それが僕たちがしている「サッカーをする」ということだということです。

僕たちはサッカーに生きています。

システムや戦術、個人の身体的特徴など、目に見えるものだけで評価されがちですが、選手たちはそこで息を吸い、生きているのです。そこには当然、歴史があり、思考があり、感情があります。

それらを抜きにサッカーは語れません。サッカーはパッションのスポーツです。僕は、サッカーのおもしろさとは内面にこそ隠れていると思っています。

ピッチレベルにあるサッカー、そして人生。それを少しでも本書で感じてもらえたなら、これほどうれしいことはありません。

本書の発行にあたり、頭ではなく心で、言葉ではなく熱で伝えようと、ともにこの大一番を戦ってくださった皆様に感謝します。

ありがとうございました。

2017年8月　岩政大樹

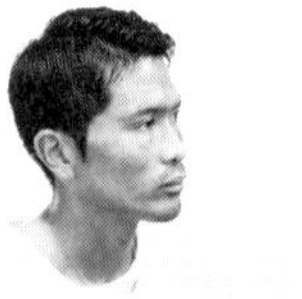

岩政 大樹

DAIKI IWAMASA

1982年1月30日生まれ。山口県出身。周東FC、大島JSCを経て岩国高校サッカー部でプレー。東京学芸大学在学中に注目を集め、2004年鹿島アントラーズに加入。07年〜09年鹿島アントラーズのJリーグ3連覇に貢献。自身も3年連続Jリーグベストイレブンに選出される。13年鹿島アントラーズを退団、タイプレミアリーグのテロ・サーサナで1年間プレーをし、翌年ファジアーノ岡山に加入。強さとクレバーさを兼ね備えたプレーでディフェンスラインのリーダーとして活躍する。2年契約を終え、17年シーズンより関東サッカーリーグ1部の東京ユナイテッドFCでプレー(コーチ兼任)。東京大学運動会ア式蹴球部コーチに就任。

選手としてプレーしながら執筆、講演活動も行っており、特に2016年からはじまった「現役目線」(BEST T!MES)はサッカーファンのみならず選手などにも愛読されている。

J1通算290試合出場35得点、J2通算82試合出場10得点。日本代表国際Aマッチ8試合出場。187cm/85kg。ポジションはセンターバック。

ブログ：https://ameblo.jp/daiki-iwamasa/

現役目線：http://best-times.jp/category/bt-iwamasasensei

PITCH LEVEL

例えば攻撃がうまくいかないとき改善する方法

著者　岩政《いわまさ》 大樹《だいき》

2017年 9月25日　初版第一刷発行
2017年10月20日　初版第三刷発行

協力　株式会社 三桂
　　　スポーツコンサルティングジャパン
写真　AFLO(扉)／杉田裕一(288頁)
装丁　mashroom design
校正　玄冬書林

発行者　栗原武夫
発行所　KKベストセラーズ
　　　東京都豊島区南大塚二丁目二十九番七号
　　　〒170-8457
　　　電話　03-5976-9121(代表)
印刷所　近代美術
製本所　ナショナル製本
DTP　三協美術

ISBN978-4-584-13815-1 C0095